悲しみの子どもたち

岡田尊司
Okada Takashi

a pilot of wisdom

目次

◎はじめに……社会を映す鏡としての医療少年院――10
未来をなくした子どもたち／
社会の問題点の縮図―非行と病という二重の濃縮／
犠牲と教訓を無駄にしないために

◎第一章……回避空間の病理――17
単独室が満員―増える回避型の非行少年／他人は不快なもの／
アニメ派とバイク派／育まれない現実感―体験不足とファンタジー優位／
誇大自己と自己愛的怒り／「感情のないサイボーグになりたい」／
育たない共感性―希薄化する感情の裏にあるもの／
性犯罪と自己愛型青年／危ういバランス

◎第二章……親という名の十字架――愛情飢餓と命がけの自己アピール――39
最大のリスク・ファクター／悲惨な家庭環境／
果てしない自傷行為との戦い／境界性人格障害という現代病／

子どもを愛せない親たち／解離症状とトラウマ／
断片化する子どもたち―どれが本当の私？／
安心感と主体性の侵害／不可解な事件と強迫的シナリオ／
母子共生が生む悲劇／親を卒業する

◎第三章……**劣等感に塗《まみ》れて**――――67

従来型非行の二タイプ―多動型と依存型／憎まれっ子、世に憚る／
ＤＢＤマーチ／非行と脳／脳波異常／逆転する文法／
『グッド・ウィル・ハンティング』の現実／「学校にくるな」／
ものわかりの良すぎる子／受容体験の場としての非行集団／
教育が削ぎ落としてきたもの／生かすも殺すも

◎第四章……**運命を分けるもの**――非行発現のメカニズム――――99

素質か環境か／養育は胎児のときから始まる／無視できない性差／
取り戻せない時間―奪われた愛情の傷痕／

争う親、嘆く親―心を蝕む家庭内葛藤／過ぎたるは……／注意を要する「善意の虐待」／非行には学習モデルがある／被害体験が加害行動を生むしくみ／居場所のなさが生む非行／非行発現の三要素／最後の安全装置

◎第五章……**社会が生み出す非行** 145

1 忍耐なき社会の落とし子 147

個人的なレベルを超えた要因

大きな幼児たちを生む社会／拡大浸透する薬物禍／テクノ中毒かテクノ麻痺か

2 遊びの変質とゲーム型犯罪 152

ゲーム化する性犯罪／仮想現実失調と罪悪感のない破壊／遊びのもう一つの要素／遊びの変質と移行機能の喪失／病める遊び／大人になる過程としての非行

3　自己愛世代と恐るべき子どもたち　170
自己愛世代の危うい側面／自己愛世代が自己愛障害世代を生む／「いま」を生きる「実存」世代の病理

◎第六章……壊れた心は取り戻せるのか？　179

1　本当に心がないのか　180
心と未来を取り戻すために／本当の希望と偽りの希望

2　つながりの回復と語られる思い　186
心の手当てと行動の手当て／枠組みと規律／不自由の意味／乏しい環境と立ち直り／受けとめることと叱ること／語られ始める思い／揺さぶりを乗り越える／危機意識の芽生えと「底つき」体験／自分自身の非を受けとめる─「悲哀の仕事」の二つの段階／過去との和解と希望の回復

3　共に生きる力を育てる――232
人とつながる／回避をいかに乗り越えるか／
体を動かす楽しさ―心と体の不思議な相互作用／
学ぶ喜びと育まれる土台／ふたたび社会で生きていくために／
あの子が泣いた／限界を感じるとき／
家なき子たちの未来―乏しい更生のための社会資源

◎第七章……本当の希望を取り戻すために――253

子どもを守ることが社会を守ることに／
ありのままに受けとめることの大切さ／
多様さを受けいれ、生かす社会／輝くよりも、粘り強く生きる力を／
導き手の重要性／忍耐を学ぶ―いまの教育が忘れているもの／
主体性を育む／生の体験と試行錯誤する経験／
かけがえのない子ども時代／罰することでは終わらない

◎おわりに……明るい未来は明るい子ども時代がつくる――― 270
参考文献――― 274

図版製作／クリエイティブメッセンジャー

はじめに　社会を映す鏡としての医療少年院

未来をなくした子どもたち

十代の半ばから後半といえば、本来、人生の中で一番希望と輝きに満ちた時代である。
だが、そんな麗しい青春の最中《さなか》に、冷たい手錠につながれ、護送用のバスから施設に降り立つ子どもたちがいる。

青白くこけた顔をして、小さく背をまるめ、うつむきがちに玄関へと向かう少年少女たちは、家庭裁判所の審判で、医療少年院送致の決定を受けた子どもたちである。彼らは、非行や犯罪を犯しただけでなく、疾患というもう一つの重荷を背負っている。その多くは精神的な障害である。

手錠を外され、入院手続きを一通り終えると、彼らは診察室にやってくる。彼らの不安と緊張はピークに達し、いったい何をされるのかとびくびくしている。あるいは、どうにでもなれと、投げやりでふてくされた表情を浮かべている。憔悴《しょうすい》し、青ざめた顔に目ばかり炯々《けいけい》とさせ、得体の知れない白衣の人物を上目遣いに見ている。

それが、通常、彼らと私との出会いである。

事件も病気も個性もそれぞれだが、彼らには共通していることがある。それは、彼らが、未来を失っていることだ。

それは、事件をおこし、取り返しのつかない事態を生み、ときには、他人の未来を奪ったために、一層そうなってしまっているのだが、実は、それ以前から、彼らは未来というものを失っていたのである。非行や犯罪を犯し、自由を奪われた身になることは、その仕上げとでもいうべき行為だったのだ。

当然のことながら、彼らは問題点を自覚し、それを改善しようと決意してここにやってきたわけではない。大部分のものは、反発と怒りと絶望を胸にひめながら、引きずられるように連れてこられただけだ。

そんな彼らが自分の非に向かい合い、立ち直る過程は、未来を取り戻す過程でもある。その中で、彼らが未来への希望を失っていった状況がありありと浮かび上がってくる。その状況は、医療少年院送致となった特別な子どもたちだけのものではない。この国の多くの子どもたちがおかれている状況にもつながっている。そのことを、私は、臨床医としてだけでなく、一人の人間として、いつも痛感させられてきた。

社会の問題点の縮図——非行と病という二重の濃縮

近年、凶悪な少年事件が続き、医療少年院送致という決定も相次いで報じられた。それらの特殊なケースを頂点として、さらに裾野の部分でも、子どもたちの心におきている異常事態を誰もがひしひしと感じている。子どもの精神的状況やその背景にある社会の病理性が、もはや無視できないレベルに達しているのである。

そうした子どもたちの姿は、一連の事件よりさらに以前から、臨床の現場に徐々に浮かび上がっていた。注目を浴びたケースばかりでなく、もっと目立たない身近なケースにも、子どもたちのおかれる殺伐とした状況が映し出されていた。

ある意味、医療少年院に送られてくる子どもたちは、社会の問題点や矛盾をもっとも深刻かつ敏感に反映しているといえる。社会の抱える病理性は、もっとも過敏な存在である思春期の子どもにしわ寄せされ、いびつに集約され、極端な形で表れ出やすいのである。ちょうど、われわれの体が病原菌の侵入を受けると、鼻水が出たり扁桃腺が腫れるように、社会のひずみは、環境の変化にもっともデリケートに反応する子どもたちや精神的な脆《もろ》さを抱えたものに、如実に表れるのである。その意味で、子どもは「社会の扁桃腺」であるともいえる。子どもが示す非行や精神的な障害は、社会全体が病んでいる問題を敏感に察知して、異常を知らせてくれる警報でもあるのだ。

　医療少年院は、「身心に著しい故障のある」ものを対象とした矯正教育のための施設で、全国に四ヶ所（そのうち二ヶ所は知的障害・情緒障害が対象）あり、東京と京都にある二ヶ所の医療少年院は、総合病院としての機能を併せもつ。

　医療少年院に送られてくるものは、疾患と非行という二重の問題を抱えている。疾患の三分の二は精神科的なもので占められ、両者が不可分なものとなって悪循環を形成していることも多い。その典型は、人格や発達の障害、行動や情緒のコントロールの障害が非行と結びついているケースである。また、いわゆる「非行少年」的でない非行少年の増加も目立つ。その姿は、引き起こした事件の凶悪性や衝撃度とは裏腹に、ごく平均的な子どもたちの姿に限りなく近い場合も少なくない。

　そうした事態が意味していることは、極めて例外的で特殊な出来事が生じたというよりも、子どもたちや社会全般に広がっている状況の部分現象として、もっとも過敏な子どもに不幸な出来事がおきてしまったということである。それは、もしかすると他の身近な子どもにも生じうる出来事かもしれないのである。

犠牲と教訓を無駄にしないために

少年非行について、まず大きな社会問題となっているのは、少年犯罪の低年齢化と凶悪化である。「凶悪化」という言葉には、非常に冷酷ともいえる事件がまだ十代の少年によって行われたことへの驚きと同時に、その動機や行動に対する不可解さの念も込められている。いずれにしろ、少年非行は「加害性」の面で大きくクローズアップされてきた。

昨今、もう一つ、子どもをめぐって社会を揺り動かしている問題がある。虐待の問題だ。実は、この虐待と少年非行は密接な関係がある。非行少年のかなりの割合のものが幼いころに虐待を受けて育っているという事実がある。身体的な虐待だけでなく、精神的な虐待のケースも少なくない。最近の凶悪事件のケースで目立つのは、親が子どものためにと行った「善意の虐待」である。まったく別々に報道されている虐待と少年非行だが、十数年という時間を隔ててはいても、一続きの問題だともいえるのである。そこには、少年非行のもう一つの側面が浮かび上がる。彼らの「被害者」としての側面である。

この二つの側面は、タイムラグをはさみながら、表裏一体の関係で、分かちがたく結びついている。心を失ったような子どもに接し、また長い月日の後に、思いやりや温かい心を回復していく子どもの姿を見るにつけ、子どもを追い詰めた、われわれ大人側の、社会の側の問題点を感じないではいられないのだ。

　ゼロ歳児の子どもと接したことがある人なら、その澄んだ瞳や満ち足りた笑顔に魅せられたことがあるだろう。それは、神々しくさえ感じられるオーラを放っている。そうした子どもたちの天使のような心を、そのままもって大人になることはできないにしろ、人の命を奪っても涙さえ見せない冷酷な殺人鬼の心にかえてしまったのは、少なくとも本人が望んだことではないと確信できる。

　本書では、そうした子どもを育ててしまう社会について考えたいと思う。そうしたケースがつくり出される背景や子どもたちの姿をとおして、今日の日本の心の状況をさぐっていきたい。この社会の何が、子どもたちをそこまで狂わせてしまったのか。子どもたちの失敗が、われわれに教えたことは何だったのかを解きほぐしていきたい。

　本書では、世間の耳目をひく特殊なケースに偏るのではなく、もっと頻繁に遭遇する、より普遍的なケースを中心に話を進めたい。しかし、そうしたケースにも、重く心に響くものを見出されるはずだ。

　ただし、実際のケースを取り上げるに際しては、プライバシー保護のため、設定や細部に変更を加え、また一般的な記述にとどめるなどの配慮を行った。

　また、本書で述べる少年非行や矯正教育・医療に関する考え方は、あくまで一臨床医としての、私の個人的な見解である。それが、さらなる議論のたたき台となれば幸いである。

原因や背景について考えるだけでなく、躓《つまず》いた子どもたちの立ち直りの姿から、いまの社会に何が欠けているのかに思いをめぐらすヒントを提供できればと思う。それによって、そうした子どもを生み出してしまった社会が、少しでも良い方向に変わるための手がかりがみえてくればと願っている。

それは、子どもたちの無惨な失敗を失敗で終わらせないために必要なだけでなく、少年犯罪の被害者となられた無辜《むこ》の市民の犠牲を無駄にしないことにもつながると信じるからである。

第一章　回避空間の病理

単独室が満員―増える回避型の非行少年

少年院の生活は、寮を基本単位とする集団生活である。医療少年院も例外ではない。

一つの寮は、学校の教室に相当する集会室と六人から八人で寝起きする居室が何部屋か集まって形作られている。寮は、性別や病状に応じて分けられている。体育や作業も、たいてい寮を単位に行われる。寮から体育館や中庭、実習棟、グラウンドに出向いていくわけだ。

日常生活や日課を共にする中で、当然、誤解や衝突、規則違反もおこってくるし、不調になる子も出てくる。そうしたトラブルは、マイナスの悪いことというより、むしろ指導のきっかけとしてプラスの方向に役立てられる。集団生活の中で、その子の問題が自ずと明らかとなり、何度も失敗することで少しずつ学んでいくのだ。

これが矯正教育の描く立ち直りの一つのシナリオであり、実際、集団の中で問題を拾い上げて修正していくという方法は、効果を上げてきた。非行少年と集団処遇は、切っても切れない前提だったのである。

ところが、最近、この前提がうまくいかないケースが増えてきて、現場の職員を戸惑わせている。

少年院には集団寮とは別に、単独室というのがある。四畳か五畳ほどの狭い部屋で、入院した直後や、規則違反をして集団から離す必要があるときなどに使うことになっている。

数年ほど前から、この単独室が足りなくて困るということが再三おきるようになった。寮主任は部屋のやりくりに始終頭を痛めていたが、物理的に足りないものはどうしようもない。やむなく大部屋をパーティションで仕切ったりして、部屋数を捻出していた。（その後、単独室が増設されて、こういう状況は改善されている。）

これには、いろいろな要因があるのだが、一つには、集団寮より単独室を好む少年が増えてきたという事情がある。昔から非行少年というのは、群れたがるものと相場が決まっていた。いまもそうだが、一人が苦手でとにかく気を紛らわし、じゃれ合う相手を求めたがる。乱暴すぎてみんなが引いてしまい、一人孤立してしまっているような少年でも、人を求めていることに変わりはない。

ところが、最近増えつつあるのは、集団で生活するより一人のほうが気楽でいいという非行少年たちだ。こういう少年たちは、何かと理由を見つけては集団を避けようとする。それでは教育にならないと、無理に集団生活を続けさせたりすると、今度は精神的に不安定になってくる。こうした「集団回避型」（以下単に「回避型」と呼ぶ）ともいえる非行少年が凶悪な事件に多いことも、最近の特徴である。

他人は不快なもの

こういう回避型の非行少年の中には、統合失調症やアスペルガー障害（高機能広汎性発達障害）などと診断される子もいるが、明らかな精神障害を示さない子も少なくない。事件の内容から精神障害が疑われて医療少年院に送られてきたものの、結局、精神障害が否定されるケースもある。こうしたケースも回避型の子に多いといえる。

回避型の少年は、従来型の非行少年とは人間関係の捉え方がまるで異なっている。非行少年は、施設にくるまでにさんざん親や教師から叱られ、否定され、さらには仲間や恋人との関わりでも、裏切ったり裏切られたりといったドロドロの人間関係の中で、傷だらけになっているのが普通である。それでも、人との関わりを求めようとする。人との関係に何かを期待するのである。

ところが、回避型の子は違っている。他者との関係を、最初から必要としていないかのように感じられることさえある。対人関係が必要なことをできるだけ避けようとするし、やむをえず集団に参加しても、とても表面的だったり、クールなのである。従来型の非行少年のような熱さがないのだ。

回避型の非行少年は、なかなか自分から集団の中に入っていこうとしない。促されて、仕方なく集団生活をするけれど、本当は一人ですごすほうが落ち着けると思っている。その理由を聞くと、「人はわずらわしい」「他人は邪魔なだけ」という答えが返ってくる。突き詰めていえば、他者を不快なものとして捉えている。他者を自分に侵入する存在のように受けとめている。これがひどくなると、統合失調症やそれに近い状態になってしまう。そこまではいかなくても、基本的に他者との接触は歓迎しない、できれば避けたいと思っているのである。

他者を脅威に感じる傾向が、非行自体と結びついている場合も少なくない。統合失調症のような病気の状態でなくても、こういう傾向は最近の非行によくみられる。他者を不快で、自分を脅《おびや》かすものと考えてしまうので、どうしても身構えて、ときには過剰防衛から攻撃に出てしまう。学校にナイフを持っていったり、些細《ささい》なことで凶器を持ち出したりすることが、ある時期から増えたが、一つにはこうした回避的な傾向と結びついた、他者を敵とみなしてしまう認知の歪みが関係している。

アニメ派とバイク派

こうした回避的なタイプの非行少年の増加は、子どもたちの生活場面にも何かと影響する。「類は友を呼ぶ」の諺《ことわざ》どおり、互いの関心が一致すると親しみを感じるのは自然なことである。男子の非行少年の場合、彼らのもっとも関心のある話題によって、大きく二つのグループに分かれる。アニメ派とバイク派である。バイク派は、昔からのタイプの非行少年で、何人かでつるんで暴走したり、街でたむろしたりするのを基本的な遊びのスタイルにしている。「行動優位」というか、頭で考え言葉で喋るよりも、体のほうが先に動いてしまうタイプである。

一方、まだ少数派とはいえ徐々に勢力を増しつつあるのが、アニメ派というか、アニメ好きのタイプである。ゲーム派といってもいいかもしれない。このタイプの子は、バイクなどにはあまり興味がなく、集団で悪いことをすることも滅多にない。無免許でバイクに乗って走り回っている連中なんかを、心の中で軽蔑している。一人でゲームをしたり、マンガを読んだり、ビデオを見ることが、基本的な遊びのスタイルだ。したがって、アニメ派とバイク派の分類は、おおむね集団回避型と集団志向型の分類と一致することになる。

同じ「非行少年」として一くくりにはできないほど、二つのタイプは異なっている。両者が寝食を共にして同居生活をするという変わった光景が、医療少年院の集団寮には現出することになる。彼ら自身、互いに違和感をもっていて、違う「人種」だという意識を少なからず抱いているようだ。アニメ派の子どもたちは、バイク派の少年たちのことを「暴走族の不良」とみて、最初は軽蔑と恐れを感じている。当然いろいろな軋轢《あつれき》も生まれてくる。同時に、この二つの「文化」の出会いは、非常に治療的な意味をもつこともある。同質すぎることよりも異質であることが、他人だけでなく自分を発見する契機となるのである。

アニメ派とバイク派の双方の子どもたちは、それぞれが欠けている部分を、過剰に発達させているともいえる。悪いところをお手本にしては困るが、互いの良い部分を学び合えば、そこには大きな成長の可能性がある。

バイク派の子どもたちについては、第三章でじっくり述べることとして、この章では、引き続き「アニメ派」の中核でもある回避型の非行少年についてみていきたい。

育まれない現実感――体験不足とファンタジー優位

回避型の非行少年のもう一つの特徴は、現実感が乏しいことである。ある少年は、家族に些細なことを注意されたことに腹を立て、背後からいきなり後頭部に凶器を振り下ろしてしまった。それまで特に問題行動もない少年が、である。

実際の少年はというと、とてもおとなしく、少し内気で気の弱そうな子である。えっ、この子が、という感じである。この少年にいったい何がおきたというのだろう。常識では理解できない行動に、精神障害を疑われて医療施設に送られてきたのだが、集団での適応も思いのほかスムーズである。ただ、一つだけ気になることが浮かび上がってきた。

少年は無類のアニメ好きだった。アニメ好きの子は多いし、いまや、大人でもアニメを見る時代である。しかし、アニメ好きということから私が当初考えていたのとは、少し意味もレベルも違うことに気づかされた。アニメが好きだからアニメ好きという次元の話ではなかったのである。

その少年にとっては、大切なのはアニメの世界のほうであり、現実の世界は二番目だった。彼にとっては、アニメのキャラクターのほうが現実の人間よりも存在感をもっていたのだ。彼の最高の気晴らしは、大好きなアニメのシーンを白昼夢のように思い浮かべ、自分で作ったストーリーに沿って大好きなキャラクターと想像の中で遊ぶことだった。

彼の話を聞いていると、空想と現実の関係がすっかり逆転していることに気づかされる。彼の中では、明らかに空想のほうが主役で、現実は脇役でしかないのだ。

これが、小学校低学年の子どもであれば、別に問題ということもないだろう。だが、彼はもう十代も半ばの青年なのである。

こうした「仮想現実失調」とでもいうべき状態が、即、彼の突発的で衝動的な凶行に結びついたと結論することはできないが、空想と現実の垣根の低さがどうも関係しているように思える。というのも、こうした傾向は、このケースに限った話ではなく、突発的で残虐な犯行を行った少年の多くに通じるからである。

ファンタジーへの没入は、アスペルガー障害などの広汎性発達障害や解離性障害でよくみられるものだが、この少年の場合も、そうした可能性が疑われた。アスペルガー障害は、対人関係や相互的コミュニケーションの障害、狭く限られた興味やこだわりを特徴とするもので、確かに、興味の限局という点では当てはまるが、相互的コミュニケーションや対人関係については、集団生活で孤立することもなく、仲間と楽しそうに交わる姿もみられ、障害は軽微であった。一方、解離性障害も否定しきれないものの、記憶が飛んだり、人格が入れ替わってしまうような本格的なケースに比べると、ごく「軽症」といわざるをえなかった。

最近の突発型のケースに共通するのは、事件の激しさに比して、「障害」が軽いことである。「障害」の範疇に無理矢理当てはめれば入らないことはないが、多少偏りはあるとはいえ、同年代の多くの子どもに限りなく近い場合が少なくない。実際、「ファンタジー優位」で現実感が乏しい傾向は、発達障害や解離性障害などなくても、アニメやゲームに没頭する若者の多くにみられるものでもある。またコミュニケーション能力や共感性の低下も、最近の若者全般に認められる傾向である。これを「障害」と捉えるか、「文化と体験の産物」と捉えるかは、微妙な問題だといえる。

ファンタジー優位な傾向と背中合わせなのは、現実の体験が非常に乏しいことである。たとえば、小さいころ、どういうことをして遊んだかとか、どういうところに出かけて、どんなことが楽しかったかを聞いても、彼らの反応はとても鈍くぼんやりしていて、アニメやゲームのことを話すときにはいきいきと輝いていた瞳も、死んだ魚の眼のように曇ってしまうのだ。子どもの体験の質自体が変わっているのを痛感させられる。

真面目だった子が、あっと驚くような事件を引き起こす突発型非行の場合、全部が全部といっていいほど、こうしたファンタジー優位な傾向がみられる。この傾向は、アスペルガー障害のような発達障害のケースに限らず、まったくタイプの異なる境界性や演技性人格障害のケースでもみられるのである。さらには、精神障害が見当たらないケースでも、現実感の乏しい若者が、大人の犯罪者も顔負けの犯行を、遊び半分で行うこともある。こうした状況を前にすると、「障害」とは別のところに、もっと肝心な問題があるのではという思いがしてくる。その一つが、子どもたちを取り巻く環境や体験の変化であり、その影響が、より過敏で脆《もろ》さをもった存在を直撃しているように思われるのである。

誇大自己と自己愛的怒り

突発型の非行において、子どもたちは、ときに悲劇的な英雄に自分を擬して、犯行に及んでいることがある。特に、世間があっと驚くような事件では、そうしたヒーロー気分が犯行の動機の背後にあることが少なくない。悲劇のヒーローになりたいという現実感の乏しい願望が、歯止めもなく行動に移されることも、彼らのファンタジー優位な傾向と密接に関係している。

交番に拳銃強盗に入った少年を診察して、唖然《あぜん》としたことがある。その少年はとても小柄で顔立ちも幼く、まるで小学校低学年の子どものように見えた。この女の子のような少年が、どうやって屈強な警官から拳銃を奪うことができると考えたのだろう。事実、少年はあっけなく警官に取り押さえられてしまった。

語られた犯行の動機は、さらにリアリティ・チェックを欠いていた。両親がお金に困っていることを知り、拳銃を手に入れて、強盗に入ろうと思ったというのだ。

彼の頭の中では、現実は空想の延長でしかなかったといえる。彼はある意味で、救世主のように振る舞おうとしたのだが、現実はマンガやアニメのようには運ばなかったわけだ。

現実感を欠いた空想の暴走は、犯罪にまでならなくても、子どもにはありがちなことだ。イギリスの元首相ウィンストン・チャーチルは、少年のころ、自分は飛べると思い込み、橋からダイビングして危うく死にかけたことがあった。こうした万能感に満ちた幼い自己愛を、アメリカの精神分析医コフートは、「誇大自己」と呼んだ。しかし、もう青年といっていい年齢の子が、自分をスーパーマンかヒーローのように錯覚して、非現実的な動機から事件をおこしてしまうとしたら、それは、幼い子どもが抱く万能感が、青年になっても現実サイズに縮まらないまま、温存されているということである。

コフートによれば、「誇大自己」の自己顕示的な欲求が、適切な時期にほどよく満たされつつ、かつ、現実の中で徐々に断念させられることが、健全な心の発達には必要なのだが、それが損なわれると、いつまでも誇大自己がその人の中に残ってしまうとされる。

突発型に限らず、非行に走る子どもたちは、幼い「誇大自己」を心の中に飼っている。それは、彼らが現実の中で満たされなかったか、断念することを適切に学ばなかったために、現実的なものに昇華できていないものだ。面白くない現実と釣り合わせるためには、よけい誇大なファンタジーを膨らませることが必要なのである。こうした自己愛の病理が、犯罪や非行を考えるうえでは、精神障害や発達障害という「障害」よりも、ある意味、重要なのである。

幼い誇大自己は、非常にプライドが高く傷つきやすい。思いどおりにならないと、万能感を傷つけられて「自己愛的な怒り」にとらわれ、キレてしまう。子どもたちの短絡的で残虐な犯罪の多くは、病的に肥大した万能感と自己愛的な怒りのなせる業である。些細なことを注意されただけで、家に火をつけたり、愛しているものの脳天にハンマーを振り下ろしてしまうのである。

そうした心の状態は、イギリスの精神分析家メラニー・クラインが「妄想分裂ポジション」と呼んだ状態に相当する。そこでは、自分の側の落ち度には目がいかず、すべての責めを相手や親、ときには社会に転嫁する。仕返しや復讐の思いにとらわれることもある。家庭内暴力という形をとることもあるが、親が一面で理想化されていたり、親に対する思いが屈折していたりすると、もっと親を困らせようとして、社会に対する犯罪という形になってしまうのである。

「感情のないサイボーグになりたい」

元来、非行少年というのは、人一倍熱く、簡単に沸騰してしまうことに問題があるのだが、回避型の非行少年ではまったく正反対に、感情の動きや表現が抑えられる傾向がみられる。些細なことでも興奮しやすい従来型の非行少年とは反対に、ストレスフルな状況でも、妙に冷静なのだ。一緒に盛り上がり、共鳴するということも少ない。

回避的であることと、感情的な表出が少ないことは、実は表裏一体の現象なのである。感情とは、元来、個人のものというよりは、人と人がコミュニケーションするためのものなのかもしれない。人と人は、言葉で言語的意味的につながるというより、言葉や意味にならない部分でつながり合っている。その響き合う部分が感情だとすれば、回避的であることは、どうしても響き合う感情の部分の発達を抑えてしまうのだ。

逆の考え方もできる。敏感で響きすぎるから回避的になり、強い感情にさらされるのを避けようとしているという理解である。おそらく両者が、悪循環のスパイラルを形成しているのだろう。

数年間のひきこもりの末に、自分が住んでいた家に火をつけた少年は、「感情のないサイボーグになりたい」と漏らした。感情をもっているから、いろいろ感じて苦しまなければならない。いっそのこと感情がなければ、何も感じなくて安らかだというのだ。

彼がいる世界がどういうものであったかを、よく感じさせる一言だと思う。ひきこもりの背景には、傷つきたくないという気持ちがひそんでいる。それは逆にいえば、とても傷つきやすく、些細なことにも過剰に感じやすいということでもある。

しかし、そうやって、他者や他者の強い感情にさらされることを避けていたところで、なかなか出口は見つからない。ひきこもることに一時的に安全感を保証することは必要だが、いつまでもひきこもりに手を貸していても事態は改善しないし、ひきこもりから非行に走っている場合は、非行の根を残すことにもなる。あとの章でもみるように、回避型の子に、人とつながり、集団の中で生活していくスキルと力を身につけさせることが、立ち直りのための大きな課題となるのである。

育たない共感性—希薄化する感情の裏にあるもの

回避型の非行少年と接していると、ある事実に気づかされ愕然《がくぜん》とする。それは、この新しいタイプの非行少年は、巷《ちまた》では、特殊な類の若者たちではなく、むしろ普通の若者ではないかということだ。従来型の非行少年のほうが、社会で暮らす普通の若者の平均値より「古風」というか、ある意味で、昔ながらの若者の名残をとどめているのだ。

そこからみえてくる状況は、若者たち全体が回避的な傾向を深めているということだ。つまり回避型の少年による非行は、ごく普通の子どもたちの身におこりうることが、極端な形で生じてしまった事態ともいえるのである。

こうした回避的で共感性の乏しい、感情の希薄な若者たちは、どのように生み出されたのだろうか。彼らが望んでそうなったのではなさそうだ。その背景にみえてくるのは、現実の中での体験の不足と、現実感の乏しい、万能感に満ちたファンタジー過剰な環境にばかりおかれてきたということである。

ファンタジーに親和性をもつことは、共感性がある証拠だとの反論もあるかもしれない。ところが、実際に子どもたちをみていくと、ファンタジーの中で友情や愛を感じることと、現実の人間に友情や愛を感じることとは、別の問題というより逆比例するもののようにもみえてくる。考えてみたら、それは当然かもしれない。現実の中で友情や愛を感じられないから、その代償として、より理想的な友情や愛を、物語や映画、ゲーム、アニメといったファンタジーの中に求めるともいえるのだから。

また、そうした逃げ場所がたくさんあるものにとって、傷つけられたり思いどおりにならなかったりする不完全な現実の存在は、ファンタジーほどにはお手軽なものではなくなる。その結果、現実よりもヴァーチャルでファンタジックな世界を相手にすることがしだいに多くなり、現実的な人間に対する共感能力がますます育たなくなっていく。

　現実的な共感能力と、ファンタジーに共感、感動することとの違いは何だろうか。それは、一言でいえば、現実の存在は、ファンタジーの登場人物のように白黒がはっきりしないことだ。長所と短所、良い部分と悪い部分、その両者が混在しているのが現実の人間なのであり、そうした存在に共感することが現実の共感能力というものだ。パーフェクトなもの、絵に描いたようなものに自分の理想を投影し、それに陶酔したり、逆に悪を映し出した存在を敵として容赦なく攻撃することとは、現実の共感能力とは似て非なるものである。良い存在と悪い存在、敵と味方という二分法的な図式自体が、幼い誇大自己に特有の構造なのである。

　現実の存在に対する共感能力は、現実の中で体験を積むことによってしか身につかないし、磨かれない。現実的体験の根本的な不足に陥った世代が、いまティーンエージャーだけでなく、大人にも広がろうとしている。こうした社会全体の変化と突発型の凶悪犯罪は、深く結びついているのである。

性犯罪と自己愛型青年

　絶対数が少ないので、数字のうえではあまり目をひかないが、実際の非行臨床に携わるものとして危機感を感じているのは、強制わいせつや強姦といった性非行を扱う機会が増えていることである。

ことに、幼い小学生などに対する強制わいせつ行為が、以前に比べて増えている。そうした傾向は、統計的にみても裏づけられる。より正確にいえば、この傾向は、少年非行よりも成人の犯罪で、さらに大きな増加率を示している。

性非行の少年によくみられる特徴は、やはり回避的で、社会での対人関係も乏しいが、非常に計算高く、抜け目のない部分をもっていることである。また、非常に自己防衛的で、自己正当化が強く、相手の立場に立って共感するということが乏しい。当然、被害者の気持ちを汲み取ろうとしたり、自分の非を省みたりすることが、一層難しいといえる。その意味で、回避型というより「自己愛型」とでも呼ぶべきグループである。このタイプは営利目的の犯罪にも多い。元優等生という場合も少なくない。したがって、彼らは他の非行少年に比して知能が高く、傲慢なところがあり、協調性が乏しく、身勝手な行動をしがちである。自分は見つからずにうまくやりこなせる、自分は何をしても許されるという思い違いが、どこかにあるのだ。

こうした自己愛型の青年が日本中どこにでもいそうな青年であることに、そらおそろしいものを感じる。

【ケース】元秀才の気晴らし

小学生などに対してわいせつ行為を繰り返していた青年は、高いＩＱをもつ元秀才だった。中学時代は運動部でも活躍し、文武両道で鳴らしたようだ。元々努力は嫌いな質《たち》で、それでも中学までは成績も良かったのだが、高校になるとしだいにふるわなくなっていった。しかし、プライドは昔のまま高く、友人との付き合いも面白くなくなって、徐々に避けるようになった。中学時代は女生徒とも気軽に話をしたのだが、女性に対して過度に意識するようになり、話す機会もなくなっていた。こうした状況自体は思春期の男の子にみられがちな現象だろうが、彼はそんな鬱憤《うっぷん》を晴らすように、痴漢行為やわいせつ行為を繰り返すようになったのである。

施設での彼は、周囲の少年に対して露骨に見下した態度をとり、暴走族やヤンキーである彼らとは「人間の種類が違う」と感じていた。いつも集団からは浮いた存在だったが、そんなことも意に介さない様子で超然としていた。集団で協力してやるようなことには、まったく気乗りしない様子だが、競争して順位を競うことになると、目の色を変えて熱心に取り組む。競争に勝つと満足げだった。彼が作った箱庭には、戦いの場面や人間の登場しない無機質な表現ばかりが多かった。被害者に対しては、「イメージではわかるが、だから何だと言いたい気持ち。人が困っていようが知ったことじゃないという感じだ」と述べ、自己防衛的な気持ちの壁をなかなか越えられない。

そんな気持ちの砦《とりで》が少し揺らいだのは、中学二年のとき、火災で自宅が全焼し、それから、惨めな間借りの暮らしを強いられたことを話してからだったろうか。

彼は、女性を心から好きになったことがないと言う。もし恋人ができても、彼女と性的関係をもつよりも、見ず知らずの女性に行為を強要するほうが興味をそそるだろうと語る。さらに自分の行為を分析して、「相手に恥ずかしい思いをさせることに快感を覚える」と述べ、そんな志向が、相手を支配する快感に由来することに気づくようになる。「それで、さみしくないか？」と投げかけると、彼はきょとんとした顔をした。他者に優越する喜び以外に、共に分かち合う喜びがあることを、まるで実感できない様子だった。その部分は彼の中で、おそろしく未発達な部分であった。

「ドライになりたいと思ったら、本当にドライで何も感じなくなった」と自分を振り返り、自分のこういう性格や癖を断ち切りたいと言い始める。しかし、断ち切れるか自信がないとも言う。どうしたら断ち切れるか、彼なりに悩むようになる。どうやったら克服できるだろうかと、自ら相談してくるようになった。

その問いに、すぐ答えが見つかるはずもなかったが、問いをもつこと自体が進歩に思えた。人と共に何かを考えるということは、以前の彼にはまったくなかったからだ。そんな彼の中に、しだいに、これまでと違う世界が開けていくのを感じるようになる。それは、殺伐としたシーンばかりが目立った箱庭に、人間的な関わりの場面が登場したことからもうかがわれた。

一般に、年齢が上がるにつれ、そうした性癖を修正することは難しいといわれている。表面上はすっかり改善し、本人も断ち切る覚悟を決めていても、絶対再犯はないと言い切ることは誰にもできないのだ。幸い、その後、彼が再犯をしたとの連絡はいまのところない。

危ういバランス

従来型の非行少年とは大きく特性の異なる、回避的で現実感を欠いた子どもたちが、非行において一つの勢力分野を形成しつつあるという現状は、社会が同じようなベクトルをもって突き進んでいることとの顕著な表れではないだろうか。

それは、一言でいえば、ますます多くの人々が他者とのぬくもりある関係や生の現実体験を失って、自分の思いどおりになる世界に閉じこもろうとしているということである。

こうしたタイプの若者は、幼い子どもと変わらない未熟な万能感を心の中に宿していて、それゆえに、ままならない現実との間に強いギャップを感じ、傷つけられたと感じてしまう。そうしたギャップを短絡的な方法で埋めてしまった結果が、無惨な非行事件なのである。

このタイプの若者は、自分の願望を満たしてくれる存在だけを受けいれ、そうでないものを、不快なものとして拒否するか、自分を脅かすものとして攻撃してしまいがちである。自分の思いどおりにならない現実や他者の気持ちというものを受けとめ、折り合いをつけ、現実的な解決に向かって努力することができないのだ。現実の中での脆さや傷つきやすさと、身の丈に釣り合わないほどのプライドや傲慢さの両方が、心のバランスを取るために同居しているともいえる。しかし、それはとても危ういバランスである。

躓《つまず》きや挫折を味わったとき、粘り強く現実との折り合いをつけようとするより、自分のヒーロー願望を、努力なしで安易に満たしてくれるものにのめり込んでいく。若者にとって、現実よりも現実となりつつあるファンタジー世界は、現実の中で適応しながら生きていくというサバイバル能力自体を、さらに弱らせている。

もちろん、ファンタジー優位な傾向が、即非行につながるわけではない。そこに別のモーメントが加わることで、バランスが一気に崩れ、犯罪行為へと向かうのである。次の章では、非行を生み出す最大のファクターについてみていきたい。

第二章　親という名の十字架——愛情飢餓と命がけの自己アピール

最大のリスク・ファクター

非行を犯した子どもたちの気持ちを解きほぐしていくと、どのタイプでも必ず出会うのは、彼らが親との問題を引きずっているということである。それは、とりもなおさず、彼らが親との関係に躓《つまず》いているということでもある。子どもを誰よりも愛し、大切に守っているはずの親。だが目の前に突きつけられるのは、親が、その不在も含めて、子どもを非行に走らせる最大のリスク・ファクターであるという悲しい現実である。

それは、彼らの親が必ずしも悪い親だということではない。多くの親は一生懸命わが子を育ててきたのだ。悪い親どころか、ある意味、いい親、正しい親、立派な親すぎたといえるケースも少なくない。ただ、どこかで親の思いと子どもの現実がすれ違ってしまったのである。

その一方で、やはり目につくのは、子どもにひどい虐待（アビューズ）を加えたり、養育を放棄（ネグレクト）してしまったりというケースである。ただ、そうしたケースでさえも、親自身がどうすることもできない不幸や過酷な事情を抱えて、人生に翻弄されていたことを考えると、無下に責めることはできないだろう。

しかし、親の事情はどうあれ、無力な幼い子どもにとって、親は世界であり神である。子どもは親の愛にすがらなければ育つことができない。幼い日に十分な愛情と安心をもらえなかった子は、生涯、足りなかったものを追い求めてすごすことになる。親に認めてもらいたいという思いが挫《くじ》かれると、承認を求める気持ちが、怒りや復讐心に裏返ってしまうこともある。それが無惨な非行という、悲しい自己アピールに走っていることも少なくないのである。

この章では、親によって満たされなかった子どもたちの思いが、後にどれほど深刻な事態を引き起こしていくのかを、二つのケースとの関わりをたどりながらみていきたい。

【ケース】病気をつくる少年

十分に守ってもらえず、愛情に飢えて育ってきた子どもたちは、関心や保護を死に物狂いで求めようとする。まさに、死に物狂いだ。子どもにとって、愛情や関心というものがどれほど大切なものであるかを、そうした子どもたちに接していると、まざまざと思い知らされる。ときには、一時の関心や保護を得るために、自分の命を危険にさらすことさえある。箸を飲み込んだり、お腹に針を突き刺したり、想像しただけで背筋が寒くなる行為に及ぶこともある。なぜ、そこまでしなければならないのか、常識的には理解できないことだ。そうした激しい自傷行為や自殺企図が繰り返されるケースの多くは、ここで取り上げるケースのように、自分をないがしろにされた体験と、深い自己否定感を背負っている点で共通している。

R男は、整形外科の治療を目的に送られてきた少年だった。目つきに寂しそうな風情があるものの、さりとてあまり要求がましいことも言わず、どちらかというと控えめな印象の子だった。まさか、一、二週間のうちに、彼のとる異様な行動のために、施設全体がパニックに陥ろうとは誰も思い及ばなかった。大概日ごろから難しいケースを扱い慣れたスタッフも、さんざん振り回されることになったのである。

入院して数日後、最初の事件はおきた。転倒した拍子に、R男の肩が外れたのだ。夜間だったが、主治医の整形外科医は自宅から出てきて整復したうえ、右肩をギプスで固定した。四週間、片腕が使えない不自由さは並たいていのものではなかったが、R男の身にはさらに「不幸」が重なる。五日後、今度は反対側の肩が脱臼したのだ。やむなく、両腕ともギプスで固定することになった。

その三日後、前のめりに倒れて下唇を切り、縫合。その五日後、左手の親指と中指の肉を食いちぎる。一部肉片が欠損し、縫合もできない状態だった。二日後、自分でギプスを壊してはずしてしまう。左腕全体が腫れ、押さえるとブシュブシュ空気が弾けるような音がするという状態だった。たまたま当直だった整形外科の担当医は、その症状に動転した。彼の脳裏には「ガス壊疽《えそ》」と呼ばれる恐ろしい病名が思い浮かんでいたのだ。

幸いガス壊疽ではなかったが、やがて判明したことは、傷口から自分で空気を吹き込んだらしいということだった。非常に危険な行為だった。

その後も、肩関節の脱臼、傷口から空気を吹き込む行為が続き、そのたびに、スタッフは右往左往することになった。医師全員が、整形外科医から肩関節脱臼の整復法であるヒポクラテス法の研修を受け、ガス壊疽について勉強し直すことになった。

やがて、R男が小学生のころから、同じような症状で、何度か入院したことがわかってきた。こういう中で、治療の主軸は整形外科から精神科にバトンタッチしたのである。

悲惨な家庭環境

R男はなぜ命を危険にさらしてまで、自らを傷つけ続けなければならないのだろうか。このケースの場合は、単なる自傷というよりも、重大な病気の症状を自分でつくってしまうというものだった。

こうした行為を敢えて繰り返す状態を「ミュンヒハウゼン症候群」(正式には「虚偽性障害」)と呼ぶ。「ミュンヒハウゼン」とは、かの法螺《ほら》吹き男爵の名前だ。彼は、体に残った傷をいわくありげに見せて、これは、いついつの有名な戦いのときにやられたものだと、武勇伝を語っては、聞き手が感心するのを見るのが何よりも楽しみだった。そこからこの病名がつけられたわけだ。

ミュンヒハウゼン症候群の人は、たとえば、事故に見せかけてわざとケガをしたり、激しいお腹の痛みを訴えて救急外来受診を繰り返したりする。実際に、本当の病気と区別がつかず、何度も開腹手術を受けていることもある。自分が病気になるだけでなく、わが子や身近な人に有害なものを飲ませたりして、病気にしてしまうこともある。

体を傷つけ、命さえ危険にさらしてまで、なぜわざわざ「病気」をつくろうとするのか。その疑問を解く鍵は、R男の生育歴の中にありありと刻まれていた。

彼には父親の違う三人の兄弟がいたが、R男の父親だけは誰であるかわからなかった。母親も教えてくれなかった。小さいころのことでつらかったのは、引っ越しばかりしていたことだった。前夫と離婚して、一人で四人の子どもを養わなければならなかった母親には、R男の愛情欲求を十分満たしてやる余裕はなかった。

R男は「少年院から帰ったら、してみたいこと」というテーマ作文で、「お母さんと、ラーメンを食べに行きたい」と書いた。他の少年なら、遊園地に行きたいとか、ステーキを食べたいとか、もっとゴージャスな夢を当たり前のように語るところだ。ところが、R男にとっては、母親とラーメンを食べに行くことが、特別な楽しみだったのである。

十分な養育を受けたとはとてもいいがたいにもかかわらず、いや、それがゆえに、R男の母親を求める気持ちは、とても強いものだった。母親らしい愛情を十分与えられなかったために、R男がいまも母親という呪縛から自由になれないでいるのを、折に触れて感じさせられた。

中学に上がると、そんな愛情飢餓を不良仲間との交遊で紛らわすようになる。夜遊び、無断外泊、怠学、窃盗《せっとう》、無免許運転、シンナー吸引、傷害、恐喝、薬物乱用。中学二年の夏には、もう行きつくところまで行きついていた。

果てしない自傷行為との戦い

自傷行為などの行動化により、周囲を振り回すケースの場合、周囲が大騒ぎすればするほど、行動化をエスカレートさせてしまうことがよくある。手厚く脱臼や傷の治療をすればするほど、R男にとっては振り回し甲斐があるわけだ。治療意欲にあふれるスタッフは、皮肉にも、絶好の活躍の場を提供することになってしまう。

ある雨模様の午後、医療、教育部門両方のスタッフが集まり、今後の処遇と治療方針について話し合った。

この悪しき行動化を止めるには、どうしたらよいのか。それは長い戦いの始まりであり、短期間で終わるものではないことを、まず覚悟しなければならなかった。治療戦略として、大切なポイントは二つあった。一つは、治療のハード面としての、行動のコントロールである。もう一つはソフト面としての、精神的な支えである。

前者についていえば、本人がこちらを操作しようとしてとる言動ではなく、行動を客観的に評価し、それに応じた行動制限を、段階的に徹底して続けていくという姿勢を貫くことが、行動の安定にたどりつくための最短距離だった。言動に目を奪われすぎると、本人のペースに巻き込まれ、行動のコントロールはよけい利かなくなってしまうことが多い。

後者は、R男の陥っている愛情飢餓や深刻な人間不信を受けとめ共感し、それを乗り越えて新しい自分を獲得していく気持ちを生み出していく、心の関わりの部分だ。傷つける行動ではなく、より安全な方法で自分の気持ちを表現し、受容される体験を積むことである。ただし、自傷行為や振り回し行動がなされたときにはそうしたアプローチはいったん中止し、行動のコントロールがある程度できるようになってから再開することとした。

この両者は、あたかも車の両輪のごとく、人格や行動の歪みを修正するためには欠くことのできない両側面である。行動化にうまく対処し、それを乗り越え、理性的なコントロールを回復するためには、両者がうまく組み合わされて働きかけることが大切なのである。

R男の場合も、状態に応じた行動制限を、一週間単位で再評価しながら、弾力的に行っていくこと、そして、この行動制限の意図が、危険防止のためだけでなく、自分の行動をコントロールする力を養うためであることを繰り返し伝える。その一方で、面接や日記に対するコメントという形式で、気持ちを受けとめ、支えを与え、目標が守れると評価し、R男との間で共闘関係を築いていくというものだった。

自傷行為を行った場合は保護室に収容するという原則に則って、R男の治療は保護室から出発した。「保護室にいるほうが不安になる」「ここにいるほうが自傷しそうだ！」と言って、治療者側の不安心理につけいり、巧みにこちらを操作しようとするR男。泣き落とし、罵倒《ばとう》、あの手この手の揺さぶりにぐっと耐えて十日あまり、R男の顔は憑《つ》き物《もの》が落ちたように、優しく柔和になっていた。自傷行為も、この数日みられていなかった。私は保護室解除と単独処遇を指示した。むろん、まだまだ先は長いことはわかっていたが、最初の足がかりを得たという気持ちだった。

その後も、道のりは平坦でも、ばら色でもなかったが、自傷行為はぐっと少なくなった。あれほど続いていた脱臼騒ぎも、傷口から空気を吹き込む行為も影を潜めた。将来の夢である整備士の仕事に就くための勉強や作業に、根気よく取り組む姿がみられるようになる。読書の楽しみも覚え、『五体不満足』を熱心に読んだ。

ときには、自傷行為が姿を現した。二ヶ月後、教官に面接を受けたいと言い張って、思いが聞き遂げられないと、自らの腕をボールペンで引っかいたのだ。その一ヶ月半後、肩関節が久しぶりに外れた。誰もが、しばらくは生きた心地もなかったのだが、スタッフの危惧《きぐ》にもかかわらず、二度、三度と繰り返すことはなかった。

秋の体育祭が終わった後、不正通信（ティッシュや紙片を用いて、同僚少年に密かに住所等を伝える違反行為）が発覚して「調査」になったときが、一つの試練だった。「調査」とは、矯正施設の用語で、処分決定までの暫定的《ざんていてき》な身分のことである。規則違反をおこすと、「調査」を申し渡され、単独室に隔離される。そこで事情聴取が行われ、調書がつくられる。そのうえで審査会議が開かれ、処分が決定される。一定の限界を超えた行動に対しては、こうした厳格な手続きを踏むことで、行動のコントロールを学ばせると同時に、本人に危機感を喚起し、気づかせるきっかけにする。R男は落ち込み、自殺企図も心配された。しかし、R男は自傷することさえなく、謹慎処分の最終日を迎えた。

境界性人格障害という現代病

R男のように、深い愛情飢餓感を抱え、少しでも冷たくされると不安定になり、関心をつなぎとめようとする行動に出たり、自己破壊的な行動に走ったりするのは、境界性人格障害といわれるものの大きな特徴でもある。（ミュンヒハウゼン症候群は、大部分、境界性人格障害を合併しているが、R男の場合もそうであった。）繰り返される自傷行為や自殺企図は、周囲の気持ちをコントロールするためだけではなく、深い自己否定感にともなう自己破壊衝動の表れでもあり、出血や痛みを実感することで、自分が存在していることを確認する、ぎりぎりの自己存在証明でもある。

こうした極限の心理は他者にはなかなか理解されにくく、最初はそれで関心をつなぎとめることができても、何度も繰り返されるうちに、しだいに周囲も疲れて持て余すようになり、両者の関係は煮詰まってしまいやすい。

境界性人格障害の人は、内側に深い空虚感や見捨てられ感を抱えているため、気分が落ち込みやすく、そうなると、何もかもがダメに思えて絶望的になってしまう。それを必死に防ごうとして、意識的、無意識的にテンションを上げ、明るく陽気に振る舞おうとする。その結果、よけいに気分の起伏が両極端に振れやすくなる。

両極端な傾向は、気分だけでなく、対人関係や物事の受けとめ方にもみられる。同じ人物をとても理想化したかと思うと、ひどく失望したり、立腹したりと振幅が激しい。そのため、対人関係も落ち着かず長続きしにくくなる。

実は、こうした傾向は、現代の若者全般に当てはまる傾向でもある。境界性人格障害は、二十年ほど前から急増し始め、最近では一般にもその名を知られるようになり、すっかり身近なものとなってしまった。しばしば薬物乱用や万引きといった衝動的な行動にも手を染め、「境界型」の非行は、非行臨床でも大きなウエイトを占めるに至っている。

現代病ともいえる境界性人格障害の本質は何だろうか。それに一つの表現を与えるならば、「捨て子心理」ということだ。実際に親に捨てられたということではなく、気持ちの面で親の愛を失ったと感じているということである。捨てられた子どもは、自分を大切に感じ、愛することができない。捨て子は、絶えず代わりの庇護者を見つけ、愛情や保護をもらわなければ生きていけない。境界性人格障害の人の人生は、見捨てた親の代わりに、愛情を注いでくれる人を見つけ出す努力の日々であるといっても過言ではない。だが、その努力は、たいてい裏切られる。なぜなら、その人が望んでいるような理想的な庇護者など存在しないからだ。「捨て子心理」にとらわれている限り、その人は「捨て子」であり続けるのだ。

それにしても、なぜ、この豊かな世の中に、「捨て子」があふれるのだろうか。中には、親の事情により実際に見捨てられ、施設で育った子どももいる。しかし、一見、ごく普通の家庭で育っているのに、「捨て子心理」にとらわれた子どもも大勢いるのだ。それが意味することはいったい何なのだろうか。

「捨て子心理」は、無条件の愛情をもらえなかった子どもの悲しみのように思える。いまは、親自身が自分のことに忙しい時代だ。親は子育てよりも、自己実現を成し遂げなければならない。親は無条件の愛情を与えにくくなっているのではないだろうか。そういう中で、子どもたちは心のうちに寂しさを抱えやすくなっているように思う。さらには、豊かで快適な社会に育ったことが、小さな傷つきや不満さえもよけい耐えがたく感じさせているのではないだろうか。

子どもを愛せない親たち

境界性人格障害の急増の要因の一つは、子どもを無条件に愛せない親が増えていることである。それは、子どもを大切にできないと言い換えることもできる。

親は子どもを愛するという、ごく当然と思われていたことが、実は当然ではないということを、最近、毎日のようにおこる児童虐待事件から、嫌というほどみせつけられる。非行少年や重い人格障害の人には、虐待を受けていたケースが非常に多い。医療少年院で診る境界型の非行少女の場合、性的虐待を受けているケースが多いのに驚かされる。また境界型の非行少年全般でいうと、虐待だけでなく見捨てられ体験が必ず見出される。

そうしたケースでは、さまざまな理由で、親がその子に対して非常に冷たかったり、肝心な時期に愛することができなかったりしている。

よく出会うのは、ある時期、母親が病弱だったり、精神的に不安定だったりして、子どもに十分な関心を払えなかった場合や、夫婦の不和や離婚問題などのために、母親が子どもに愛情を感じられなかったという事情である。若すぎる結婚や、育児のために親がやりたかったことを断念しなければならなかった場合などでも、無意識のうちに、子どもを拒否していることがある。母親がパートナーや周囲からしっかり支えられていないと、こうした状況はさらに悪化しやすい。

大家族で暮らしているころは、親のほうにこうした問題が多少あっても、祖父母らによって補いがつけられやすかったのだが、核家族化し、家庭が密室化した現代では、そうした悪影響が出やすくなっている。

つぎに紹介する少女の例も、母親自身に余裕がなく、母親の「不幸」に子どもまでもが巻き込まれていたケースである。

【ケース】四人のI子

I子は大変な読書好きの少女だった。それは、彼女が長い施設暮らしの中で覚えた楽しみだったようだ。教護院（現、児童自立支援施設）にいた時代から、読書がI子の孤独や傷ついた心を慰めてくれていたのだ。I子は猛烈なスピードで集団寮の書棚にある本を読破していき、ついには、もう読む本がなくなってしまうほどだった。見かねた職員が自分の本を差し入れたりして、彼女の果てしない読書欲をどうにか満たしていた。

I子は特別としても、少年院に入ることにより生じる意外な副産物の一つは、それまで活字にまったく縁がなかった子も読書に親しむようになることだ。みながみなというわけではないが、少年院で読書の楽しみを覚える子は少なくない。ことに医療少年院は、療養の機能を兼ね備えているため、他の少年院より屋内での日課が多い。読書に使える時間も多めに許されるわけだ。たいていの少年が、いつも何らかの本を読んでいて、中には、週に二冊、三冊の本を読んでしまう子もいる。並みの大学生より、よほど本を読んでいるかもしれない。

非行少年は一般に、言語より行動が優位だとされる。本を読んだりするのは苦手という子が多い。知能検査の結果をみても、動作性ＩＱに比べて、言語性ＩＱのほうが低い傾向にある。こうした能力の不足は、内省的な能力の乏しさや状況を言語化して対処する能力の不足を意味する。それが、非行少年の衝動的傾向や短絡的な行動、善悪判断力の乏しさの原因にもなっている。読書したり、作文を書き、自分の考えを言葉にしたり、他人の考えを理解する訓練を積むことは、即効的ではないにしろ、長期的には行動のコントロールに寄与するのである。実際、少年院の教育では、作文や集会、意見発表が非常に重要なメソッドだし、読書は考えを深めるための課題としても使われる。

ただし、言語的能力の不足が、即非行ということではもちろんない。脳の機能と非行との関係については、後の章でも少し考えてみたいが、ことはそう単純ではなく、自己愛型や回避型、境界型などでは、逆転がみられるケースも多い。中には飛びぬけて高い言語性ＩＱをもつ非行少年もいる。Ｉ子も、そんな一人だった。

その彼女が一番といってもいいほどお気に入りだったのは、『五番目のサリー』という本だった。彼女は取り憑かれたように、その本を何度も読み返していた。ダニエル・キイスの著書

『五番目のサリー』は、ご存じのように多重人格症の話である。彼女がそこまで、その本に魅せられたのにはわけがあった。それは、サリーが「自分に似ていた」からだ。実は、彼女自身、多重人格症に似た症状を呈したことがあったのだ。

医療少年院送致には、少年鑑別所から医療措置を必要として直接送られる場合と、一般の少年院在院中に、病気やケガで医療措置が必要となり移送されるケースがある。I子の場合はいったん女子少年院に送られたものの、そこの生活にうまく適応できず、不安定になって自殺しようとしたため、こちらに移されたのだった。

最初の診察のとき、I子は、自殺を図った人とは思えないように、つぶらな瞳をキラキラと輝かせながら、自分の中でおこっていることについて、少し興奮気味に語った。I子は、まるで別人に入れ替わったように態度や言葉遣いを変えて周囲を戸惑わせていたが、そのことについてのI子自身の説明は、つぎのようなものだった。

「私の中には四人の私がいるんです。腹を立てている私、泣き叫んでいる私、前向きにやろうとしている私、死にたいと思っている私。頭の中で四人が話し合いを始める。こんなやつ生きていても仕方がないので、楽にしてやろうとか話している。それで、私、死のうとしたんです。

それまでは、別々に四人が出てきていた。落ち込んだりすると腹を立てている私が出てきて、私のことを責めて、それから、前向きの私が出てきて、慰めてくれる。前の少年院に入ってから、いろんな私が出てくるようになった。最近は、死にたい私がよく出てくる。いきなりぽんと出てきて、もう何もかもイヤになったやろうと言ってくる。夜、寝る前や、昼間本を読んでいるときに、予告もなく出てきて……」

I子が語っているパーソナリティの分割状態は、当人がそれを自覚しているという点で、多重人格障害（現在は、「解離性同一性障害」という診断名が使われる）と呼ばれるものとは明確に異なっているし、それぞれの「私」が明確なパーソナリティをもつほどには多重化していない。しかし、未分化ないくつかのパーソナリティが、相容れないものとして、一個のパーソナリティの中で拮抗し、影響し合いながら並存しているという状態は、I子の精神内界がどういう成り立ち方をしているかを、よく示している。

成熟した大人からみると、なかなか想像しがたいことだが、I子は本来一つである自分という存在を、あたかも別々の存在が寄り集まったもののように感じているのだ。こうした自分の感じ方は、幼い子どもではもっと普通にみられる。ところが、もっと年が上がっても、自分を一つの統合された全体としてではなく、バラバラに断片化した存在の集合のように体験する仕方が、I子に限らず、最近の若者たちにはそれほど珍しいものでなくなりつつある。

なぜ、I子は自分を、まとまりを帯びた一個の存在としてではなく、それぞれ特徴を異にする「四人のI子」として体験するようになったのだろうか。

解離症状とトラウマ

Ｉ子は、そうした症状以外にも、夜中ふと気がつくと、ベッドの下に座り込んでいたり、知らない間に洗面所で倒れていたりした。また、会った覚えのない人から親しげに声をかけられ、どうやら自分がその人物に会ったことがあるらしいと知って、戸惑ったことが何度かあったという。ありありとした白昼夢を見ることも多かった。

こうした意識、記憶、自己同一性の連続性の破綻は、「解離」と呼ばれる。心的外傷（トラウマ）体験やストレスと関連して出現しやすいが、「解離性障害」と呼ばれるものでは、明白な心的外傷体験やストレスと関係なく、解離症状が出現する。ただし、幼いころの心的外傷体験、ことに虐待があると生じやすいとされ、いずれにしても、解離とトラウマ体験とは非常に密接な関係にあるといえるだろう。

解離症状は、自我機能の脆弱《ぜいじゃく》な境界性人格障害や演技性人格障害のケースにもしばしば出現する。Ｉ子の場合も、そうしたケースだといえる。Ｉ子は、前の年ある忌まわしい体験をしていた。その体験による心の傷も、解離症状と関係があったと思われる。

解離性障害には、人格が完全に入れ替わってしまう解離性同一性障害（ＤＩＤ＝ Dissociative Identity Disorder）のケースから、子どものころの記憶があまりなく、ときどき記憶が飛ぶことがあるといった程度で、周囲も本人も症状にあまり気づいていないケースまで幅広くみられる。ただ、軽度な解離は健康な人にも出現する。ぼんやり考え事をしながら、上の空で他のことをしていたという場合だ。ましてや、子どもではごく普通におきている。したがって、解離があるからすぐ解離性障害と診断すると、特に子どもの場合、的外れなことになる場合がある。

そうした点を踏まえても、殺人や傷害、放火といった重大犯罪を犯した非行少年には、この障害の存在が疑われる場合がある。その場合、子どもは自分の犯した事件を覚えていなかったり、一応記憶してはいても、あたかも映画でも見ているような現実感をともなわない体験としてしか思い出さないこともある。そうなると、自分が犯した事件という実感が乏しく、他人事のような態度をとり続けることもある。

解離の特殊なケースとして、ある覚醒剤中毒の少女では、半年間だけ時間が進んでしまうという現象がみられた。彼女の中のカレンダーは、半年後の日付けになっていて、その日付けは、予定でいくと彼女が出院を迎えた時期なのである。彼女は、自分はもう社会に帰っているはずなのにどうしてここにいるんですか、と真顔で質問したものだ。そのたびに、自分の問題にきちんと向かい合って、それを乗り越えないと社会には帰れないよと繰り返さねばならなかった。

I子のケースでは、その後病状に大きな変化がみられた。I子の中の四人は、一人減り二人減りして、次第に区別が曖昧《あいまい》になり、一人のI子になっていったのだが、その代わりに一人の

I子が気分の波を顕著に示し始めたのである。元気なときのI子と、落ち込んでいるときのI子だ。気分だけでなく、対人関係における態度でも、よく喋りにこにこ愛想をふりまくときと、逆に不機嫌に押し黙ってつっけんどんな態度を示すときに分かれ、めまぐるしく変動した。

こうした両極端に揺れ動く感情や対人関係における態度は、R男のところでみたように、境界性人格障害の特徴でもある。境界性人格障害では、気分や対人関係や自己評価が、最高から最低に両極端に変化する。中間がないのだ。超ハッピーだった気分が一時間後には、不幸のどん底に落ちていたりする。理想の恋人や友人として尊敬した人物と、翌日になると、殴り合いの大げんかをして別れてしまう。

I子の場合にも、その特徴がよく現れていたのだが、そうした激しい気分や対人関係の揺れ動きは、バラバラの人格が別個に存在している心のありようと近縁の状態だということを、このケースは示している。

断片化する子どもたち―どれが本当の私?

解離性障害や境界性人格障害の子に典型的にみられるが、そうした明白な障害がなくても、最近の子どもたち全般にみられる一つの特徴は、その存在やアイデンティティが連続性を失っていることだ。それは、これまで使われた「アイデンティティ拡散」という言葉では言い足りない性質のものである。むしろ「断片化」という言葉のニュアンスのほうが現状に近い。瞬間瞬間の自分はいるが、一貫した自分があまり感じられない。子どもたちはバラバラの自分の寄せ集めのような中で生きている。

境界性人格障害の子の場合、落ち込んでいるときの自分とハイなときの自分では、考え方も感じ方も別人といっていいくらい違っている。それを本人自身も感じていて、いったいどちらが本当の自分だろうと悩んでいることも多い。落ち込んでいる自分が嫌で、眠りや薬物に逃げる場合もある。落ち込みを避けようとする努力が、落ち込みを一層耐えがたいものにしてしまう。

子どもたちに昔の楽しい思い出を語ってもらおうとしても、子どものころのことをあまり思い出せない子も少なくない。「断片化」した子どもたちに共通するのは、思い出の貧しさだ。逆に、思い出をいきいきと語るようになると、心が活気を取り戻して、生きることに前向きになってくる。主体性は、過去と現在の連続性のうえに成り立つものだということを感じる。

そこからみえてくる状況は、彼らは自分たちの思い出を、これまで語ることもなかったということでもある。思い出は単なる記憶の問題ではなく、語られ共有されることによって「思い出」となるのだ。親や兄弟、家族と、こんなだったよとか、あんなことをしたことがあったねと語る中で、思い出は家族に共有され、家族の神話となるのである。そういう過程をもたない子どもたちが増えているのを感じる。

天地創造の物語が世界の成立に必要なように、誕生や成長の物語も、それぞれの人が一個の人格として成立するのに必要なのではないだろうか。そうしたマイ・ストーリーを、親や周囲の大人たちから聞かされ、それによって、子どもは自分の連続性の感覚を育んできた。また、そうしたストーリーは、ある意味でサバイバルの物語でもあり、こんな大変なことがあったけど、それをうまく乗り越えてきたんだよ、というメッセージがこめられていたはずだ。そうした自分の英雄神話が、ある意味で守護神のように、その人を、これから訪れるさまざまな困難から守ってくれるのだ。

創世の物語と英雄神話の喪失は、確かな愛情の基盤の崩壊と軌を一にした現象に思える。そうしたものを、商品化されたファンタジーの中に求めなければならないのも、現実の中で人々がそういうものをもてないことの表れではないだろうか。

安心感と主体性の侵害

存在自体がバラバラに空中分解するという危機に瀕した子どもたちに共通するのは、第一章で述べたファンタジー優位な傾向が強いことと、これまでの成育歴において、大切にされているという安心感が乏しく、本人の主体性や気持ちを顧みられることなく育ってきた状況である。

自分の感情や意志を尊重してもらえない負のバランスを、ファンタジーに逃避することで補ってきた子どもたちともいえる。

こうした子どもたちにあっては、現実の体験さえ、ドラマの中の出来事であるかのように、どこか傍観者的に体験されている。衝撃的なはずの状況すら、無感情に淡々と語ることがよくみられるのだ。あるいは、ドラマの主人公や語り手のような話し方をすることもある。どちらにしろ、本来の現実感が欠けているのである。後者の場合には、人生の出来事を、トランプの手札や新たに引くカードのように扱う傾向さえみられる。

どういうカードが配られてくるかは、主体性とは無関係な偶然任せの出来事にすぎないわけだ。そのカードに一喜一憂して、歓声を上げたり、ため息を漏らしたりはするが、どこかそれは、所詮ゲームの中の出来事というレベルの現実感しかもたない。自分の人生に生起する出来事が、そんなふうにしか感じられないのは、彼らがそんなふうに他人の意志や感情に弄《もてあそ》ばれてきたからに他ならないのである。

不可解な事件と強迫的シナリオ

こうした現実感の乏しさや主体性の希薄さと関係があると思われるが、最近の突発的で不可解な事件で目につく奇妙な現象がある。それは、子どもたちが自分の描いた「筋書き」に支配されたかのように、危険な行為を実行してしまうことである。彼らは、ある日、ふと計画を思いつくのである。ときには、徐々に計画を膨らませている場合もあるが、いずれにしろ、その非現実的な「筋書き」に、彼らはとらわれ、呪縛されたように実行してしまうのである。

放火事件をおこしたある少女は、それを「シナリオ」と呼んだ。ある「シナリオ」にとらわれると、それを実行しないではいられなくなってしまうという。こうした強迫観念とも自己愛的ファンタジーともつかない、呪縛力をもった企図念慮を、「強迫的シナリオ」と呼んでおく。強迫的シナリオは、彼らに取り憑くと、抵抗しがたい支配力をもつようにもみえる。ケースによっては軽度の解離をともない、「解離的シナリオ」と呼ぶほうがふさわしい場合もあるが、明白な解離を伴わないケースも多い。

強迫的シナリオにとらわれて事件をおこしたケースは、診断的には、境界性人格障害のケースから広汎性発達障害の傾向をもったケースまで幅広いが、現実感が希薄で、空想的で、こだわりや完璧主義の傾向が強い点で共通する。こうした現象が少なからぬケースでみられることは、彼らが、シナリオが現実よりも現実感をもつファンタジー世代であることとともに、幼いころから親の気持ちに振り回され、主体性を侵害されて育ってきたこととも無縁ではないように思う。

母子共生が生む悲劇

ところで、生々しいファンタジーが現実以上に力をもつようにみえるI子の成育歴にも、そうした典型的な状況がみられた。

I子が二歳のときに、父親の暴力と女性関係のため両親は離婚。母親の手で育てられるが、飲食業に従事していた母親の生活はかなり不安定だったようだ。

母親は毎晩のように酔って帰ってきた。上機嫌なときもあれば、ひどく塞ぎ込んで、「あんたを殺して私も死ぬ」と、喉に食い込むほどに包丁を突きつけられたこともある。酔ってどこかにいって、朝まで帰ってこないこともあった。一人残されて泣いていると、そのうち疲れて眠ってしまった。翌日、学校にいってもずっと母親のことが心配で、授業も上の空だった。このままもどってこなかったらどうしようと思いながら帰ってみると、母親は寝転がって、何食わぬ顔でテレビを見ていた。普通の母にもどっていたので、ほっとしたという。

成長するにつれて、母親の気分が変わりやすいのにも慣れっこになっていった。母親は、小さいことで急に怒ったり、殴ったりした。母親がどんなにコロコロ変わろうと、手を上げない限りは、平気でいられるようになっていた。母親のことは関係なくなったとも言う。しかし、その一方で、I子は、母親に強く支配されていた。母親の気分や感情に翻弄されていた幼い日々に身につけたものは、容易には変わらないのだ。入院中に母親からくる手紙が陰気な内容だったり、手紙が途絶えたりすると、I子はたちまち「うつ」になってしまう。

I子自身も、しだいにそうした心理的な支配に気づくようになったのだが、最初のころは、まったく自覚していなかった。母親に対するI子の思いは、とてもアンビバレント（両価的）なものだった。母親に対して強い反発や憎しみをもっているが、同時に驚くほど母親を理想化し、その愛情にしがみつこうとしている面もあった。母親を卒業できないという点は、母親から十分かつ安定した愛情を与えられなかった人に共通するものだ。

親を卒業する

I子のように、親自身が不安定で、親の気まぐれな気持ちの変化に絶えず支配されてきたケースでは、未熟で幼い親と関わり続ける限り出口が見えない場合もある。

I子自身、母親と一緒に暮らしている限り、また振り回される結果になることを悟るようになり、母親と距離をとって生活するしか本当の安定はないと考えるようになった。しかし、同時にI子の中には、母親を強く求める気持ちがあって、決心がつかなかった。

幸運なケースでは、親のほうもしだいに自分の問題を理解するようになり、関係が改善されていく。そうした場合も、親との関係が良いとか悪いとかではなく、本人自身の自立がきちんと進んでいるかをみる必要がある。親との関係が良くなっても、依存したり支配されるだけで、その人本来の可能性が犠牲にされているのなら、あまり意味がない。親に反抗していたのが、親に服従する状態にもどっただけでは、また同じことがおきる。そういう表面的な協調ではなく、親が本人を受けいれることで、本人が親を卒業できることが重要なのである。それによって子どもは、つぎに進んでいくことができる。親との和解がない限り、親を卒業することがなかなか難しいのが現実だからである。

しかし、中には、そうしたことすら親に期待できないケースもある。親のほうが、子どもではないかと思われるようなケースもある。そういうケースでは、いつまでも親を引きずり続けることになりやすい。その場合、いったん諦めをつけ、子どものほうがそういう親を受けいれることも必要になる。もちろん納得したつもりでも、そう簡単に乗り越えられるものではないが、それでもある程度の区切りをつけることはできる。それができれば、子どもの人生は溝から脱出し、前に進めるのだ。

第三章　劣等感に塗《まみ》れて

従来型非行の二タイプ—多動型と依存型

第一章で、回避型と自己愛型、第二章で、境界型の非行を取り上げた。回避型の突発的で凄惨な非行や、極めて処遇困難で悲惨な過去を背負った境界型のケースに、ともすると目を奪われがちだが、非行少年全体の割合でいうと、それらはあくまで少数派である。多数派を占めるのは、依然、従来からあるタイプだ。この従来型の非行少年にも、大きく二つのタイプがある。多動型と依存型である。矯正施設での処遇においても、この二つのタイプの扱いが基本になるといってよい。

多動型は、注意欠陥／多動性障害（ＡＤＨＤ＝Attention Deficit／Hyperactivity Disorder）や衝動性を高める何らかの機能的あるいは器質的障害がベースにあるタイプで、わかりやすい言葉でいえば、落ち着きのない、暴れん坊タイプである。ただし、誤解のないように付け加えると、ＡＤＨＤなどの障害があるからといって、必ずしもこのタイプの非行少年になるわけではない。非行がみられるようになるのは、そのごく一部である。

このタイプの少年に非行が発展する場合、小学校低学年ころから、すでに悪戯《いたずら》がひどかったり、物を壊したり、盗んだり、危ないことをしたりという徴候がみられる。がさがさと落ち着かなかったり、言うことを聞かなかったりするため、親から身体的な虐待を加えられていることとが多い。向こう見ずで無鉄砲なので、屋根や階段から落ちたり、命に関わるようなケガをしたりしていることもよくみられる。体を調べると、どの子もたいてい傷痕だらけだ。

考えは単純かつ直情径行的だが、よくいえば、とても純粋なところがある。手のつけられない暴れん坊に詩を書かせたら、本当に胸に響く美しい詩を書いたりすることもある。

このタイプは男子に多く、男子の初等少年院などでは八割がＡＤＨＤに該当するともいわれる。比較的若年の男子非行少年では、ことに高い比率を占める。あまり養育環境に恵まれないケースがほとんどである。というのも、ＡＤＨＤの多くは、適切かつ気長に対処すれば、年齢とともに落ち着いていくし、ＡＤＨＤのもつ活動性、旺盛な好奇心、天真爛漫《てんしんらんまん》さは、大きな美質ともなるからだ。逆に、無理やり言うことを聞かそうとして乱暴に扱われると、本当の暴れん坊になってしまうのである。

一方、依存型は意志の弱い付和雷同タイプで、思春期ごろから悪い先輩に憧れたり、悪友に誘われるままに、非行に手を染め始める。一人で行動するのは苦手で、つねに誰かツレを求めようとする。誘いや頼みを断るのが苦手で、周囲の言いなりになりやすく、自分の意志とは無関係に非行の深みにはまったり、引きずられるままに行動して凶悪事件に連座したりすることもある。一対一で接するとおとなしいいい子なのに、他の子がからむと、別人のような面をみせるのが特徴である。

愛情面で問題を抱えた家庭に多いが、一見普通の家庭の出身者にも少なくない。過保護と愛情不足がバランス悪く存在している。幼いころ体が弱かったり、長らく子宝に恵まれず、やっと授かったという子だったり、母親が仕事で忙しいので祖父母が代わりに面倒をみて甘やかしていたりという状況は典型的だ。また、親がアルコール依存症だとか、慢性疾患で年中具合が悪く、いつも親の機嫌や顔色に振り回されてきたというケースもよくみられる。いずれのケースも、親の心理的支配が強すぎる点では共通している。

このタイプの子は、自分に自信がなく、誰かにすがらないと自分はダメだと思っている。それは、親に守られすぎていたことと、親の支配を受けて親の言いなりになってきたことの両方からきている。どちらも、自分で自分を支え守る力が身につくのを妨げてしまった結果なのである。

小学校までは普通だったのに、中学になってから始まる非行では、このタイプが多く、特に女子の非行では目立つ。また普通の家庭の子が、思春期以降非行に走り出すという場合、もっとも多いタイプである。

多動型は、DSM-Ⅳ（Diagnostic and statistical manual of mental disorders, 4th edition. 米国精神医学会による精神疾患の診断・統計マニュアル）の分類による児童期発症型の行為障害や長野少年鑑別所の近藤日出夫氏が提唱している衝動型に近く、一方、依存型はDSM-Ⅳの青年期発症型の行為障害や近藤氏が不良感染型とするものに類すると思われる。

医療少年院では、他施設と比べて、特殊なケースや処遇困難な例が多いのだが、それでも、多動型、依存型は、依然大きな割合を占めている。この章では、こうした従来型ともいえる非行少年にスポットを当てて考えてみたい。

憎まれっ子、世に憚る

多動型の非行少年は施設に送られてきたとき、たいてい、とても長い非行歴を背負っているのが普通である。このタイプでは、非行の初発年齢は大部分十歳未満で、六、七歳ごろから始まっていることも少なくない。つまり、矯正施設に十代半ばでたどりつくまでには、十年近い歳月が経っていることになる。

その間、親のほうも学校のほうも手を焼き、言って聞かせようとして、体罰や虐待を加えていることも珍しくない。それがますます事態をこじらせ、親に腕力で引けをとらなくなるころには、もう手がつけられなくなっている。児童養護施設、情緒障害児短期治療施設、児童自立支援施設、初等少年院などの施設を転々としていることも少なくない。

この長い年月は、そのまま彼らが否定され続けてきた歴史の長さでもある。そうした過程で身につけた強い劣等感と大人に対する不信感、反発心を、このタイプの非行少年たちは例外なく抱えている。それは、周囲の大人たちの対応によって、心に刻み付けられたものなのである。肉体的な暴力にさらされ続けてきた結果、大人たちが彼らに体で教えたことを、彼らも実践するようになっている。多動型の子は、何かと年長者の目につきやすく、小さいころに、いじめのターゲットにされたケースもよくある。

踏みつけられれば踏みつけられるほど、彼らは反抗心をつのらせ、拳骨と腕力だけを信じて生きていくことになる。「憎まれっ子、世に憚《はばか》る」の言葉どおり、周囲を困らせ、鼻つまみ者になることが、彼らのせめてもの自己主張になってしまうのである。それは、愛情と関心を求める裏返しの行動ともいえ、彼らなりの生きる道なのである。

このタイプの子どもたちは、とにかくじっとしていられない。頭で考えるのではなく、体が先に動く。何か気に入らないことがあると、瞬間湯沸かし器のようにすぐカッとなる。頭から突き抜けるような啖呵《たんか》が飛ぶと、とめる間もなく躍りかかっていく。反省ということが苦手なので、言葉でいくら言い含めても、なかなか行動の変化につながらない。同じ場面になると、頭に血が上って、また同じ失敗を繰り返してしまう。過去の経験から学ぶということができにくいのである。

しかし、その一方で、このタイプの子どもたちは、適切な環境が与えられると、とても働き者である。熱心によく作業をするのだ。

【ケース】暴れん坊詩人

ひどく暴れん坊の少年がいた。診察のときも、些細《ささい》なことでよく怒りだして、目を吊り上げ、握りこぶしを固めながら、いまにも躍りかかってきそうだった。典型的な多動型の子で、幼いころに父親を亡くし、暴力的な養父から虐待されて育っていた。けれども、とても働き者の一面ももっていた。

集団生活でトラブルばかりおこし、集団寮の他の子がおびえているというので、単独室でしばらく一人で生活をすることになった。しかし、じっとしているのが生来苦手で、何かしたいという。それで、教官は本人にペンキ塗りをさせることにした。彼は朝から晩までペンキ塗りにいそしみ、単独室にいる間に、とうとう、ある区画全部を塗り上げてしまった。そこを通りかかるたびに、その区画だけきれいに塗られた壁や天井を眺めて感心したものだ。

彼はまた、その荒々しい性格や行動とは裏腹に、ごつごつとした鉛筆の文字で心が洗われるような美しい詩を書いた。どうしてこんな詩が、あの暴れん坊の指先から出てくるのかと誰もが首をひねりながらも、本当にいい詩なので、その一つが長い間寮の壁にも貼ってあった。

私も、彼がノートに書き付けた作品を見せてもらいながら、感心するとともに不思議な思いに駆られたものだ。しかし、それは不思議でもなんでもなく、彼らがもっている本来の子どもらしい純粋な魂が表れているのだろうと思う。

多くの詩人の伝記や評伝を読むと、彼らの多くは、まさにこのタイプの少年だったことがわかる。「ちいさい秋みつけた」など多くの詩や童謡でも知られるサトウハチローや『星の王子さま』でいまも世界中から愛されるサン＝テグジュペリも、子ども時代は手のつけられない暴れん坊だった。ランボーにしろ、バイロンにしろ、然《しか》りだ。ヴィヨンのようにけんかから殺人まで犯した詩人もいる。むろん、だから悪いことをしていいという意味ではなく、そうした純粋な心を利己的な困り者にしてしまうのも、もっと違う形で自分を生かせる人間に育てるのも、周囲の大人や社会の対応にかかっているということだ。

このタイプの子どもたちに出会うたびに、もう少し環境や周囲の理解に恵まれれば、こんなところにこなくてもよかったのではないかと思う。

DBDマーチ

ＡＤＨＤの学童期児童における有病率は、三〜五％といわれ、二十〜三十人に一人、つまり一クラスに一人くらいはいる計算になる。ごくありふれたものだといえる。落ち着きがなく、そそっかしいというのは、ある意味で、子どもらしい子どもである。実際、ある意味で純粋な子が多いのだ。六〜七割のケースでは、年齢とともに改善し、問題行動がエスカレートして非行の方向に進んでしまうのは、ごく一部である。

アメリカで行われた研究では、ADHDの子どもの半分程度は、反抗挑戦性障害（ODD＝Oppositional Defiant Disorder）と呼ばれる状態を合併するようになる。ODDは、大人に対する反抗的な態度や行動が常態的にみられるものだ。さらに、ODDを示す子どもたちのうちの三割程度が、行為障害（CD＝Conduct Disorder）に移行するといわれる。行為障害は、精神病といった他の病因によらずに非行を繰り返す状態のことで、多くの非行少年は、行為障害であるといえる。このように破壊的行動障害（DBD＝Disruptive Behavior Disorder）が悪化・進行していくことをDBDマーチと呼ぶ。中央値で概算すると、ADHDからCDにまで発展するケースは、ADHDのうちの一割強と推定される。

つまり、多くはADHDがあっても、大きくなるにつれて落ち着き、非行に走ることもないのだ。ところが、一部のケースではどんどん反抗的になり、ついには非行や触法行為にまで手を染めるようになってしまう。

これらの不幸なケースでは、その子に必要な対処がうまくなされないどころか、悪くならざるをえない状況に追いやられている。よくみられるのは、甘やかしか虐待か、あるいはその両方が加わっている場合である。最初は甘やかしたが、段々手に負えなくなって今度は抑えつけにかかり、虐待したり突き放したりというケースは非常に多い。また、いじめられた体験もよく見出される。小さいころのいじめられた体験が、非行に走るリスクを何倍にも高めることが、多くの研究で報告されている。かつての「被害者」が「加害者」側に回るという構造が生じやすいのである。

非行と脳

暴力的で衝動的なものには、頭部外傷の既往歴がよくみられることが、以前から経験的に知られていた。最近の画像診断学の進歩の結果、脳の器質的、機能的問題がないがしろにできないことが一層明らかになってきた。

反社会的行動との関係で、特に注目されるようになったのが、前頭葉だ。前頭葉の中でも、非行や反社会的行動と深い関連を示唆されているのが、もっとも前方に位置する前頭前野と呼ばれる領域である。

前頭前野皮質はヒトにおいて顕著に発達しており、ヒトの大脳皮質の約三割を占めるが、これは比率でいうとチンパンジーの約一・七倍である。前頭前野の成熟は、他の脳の領域に比しても非常に時間を要し、大人になるまで発達し続ける。ヒトのヒトたる所以《ゆえん》は、まさに、この発達した前頭前野にあると考えられる。

前頭前野は、対象を選択し、注意を維持し、目的をもった活動を行っていくと同時に、さま

脳と前頭前野皮質

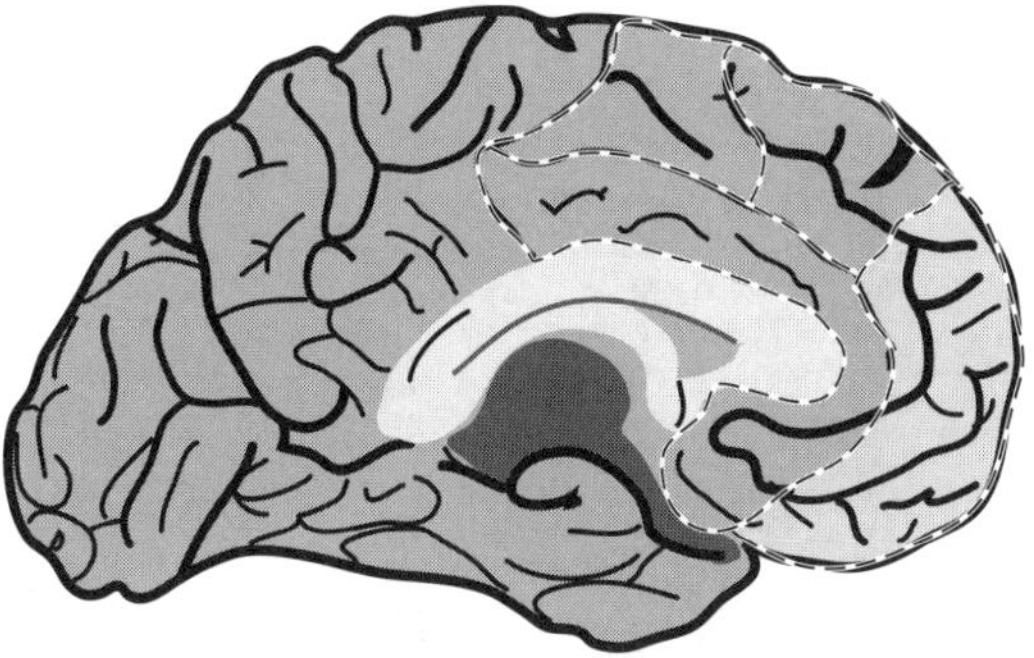

B. B. Lahey, et a1, *Causes of conduct disorder and juvenile delinquency*, 2003より

ざまな情報や情動を統合し、決断を下し、危険を回避し、行動をコントロールする。まさに「理性の座」というべき機能を担っているのである。前頭前野の障害は、そうした機能を困難にする。

前頭前野に障害があると、衝動的な攻撃性や無責任な行動が出現しやすく、非行や反社会的行動が高頻度でみられる。長期的には不利益とわかっていても、大きなリターンを得ようとして、大きなリスクを冒す傾向がある。また、学習効果が乏しく、失敗をしても、そこから学びにくく、また同じことを繰り返してしまう。

いまを去ること約百五十年前のアメリカで、フィニアス・ゲイジという人に降りかかった悲劇は、まさにその例である。彼は、誠実で働きものの男だった。ところが、ある日、鉄道の工事中におきた爆発事故が彼の運命を狂わせる。吹き飛ばされた直径三センチの鉄の棒が、ゲイジの頭蓋骨を貫通し、前頭前野を串刺しにしてしまったのだ。奇跡的に回復した彼は、麻痺もなく、体はぴんぴんしていたのだが、「ゲイジはゲイジではなかった」。短気で怒りっぽく、卑猥な冗談を平気で言い、無責任で自分勝手で、決断力に欠けた最悪の人間になっていたのである。

ゲイジの症例は、前頭前野の機能について最初の示唆を与えるものとなった。

脳損傷による影響は、社会的な行動が身につく以前の早期におこるほど甚大となり、また不遇な環境は、そうした悪影響をさらに重いものにしてしまう。

ただし、脳の障害は犯罪傾向の一部を説明するにすぎない。

南カリフォルニア大学の犯罪病理学者レインらは、司法精神医学の対象となった殺人者を、子ども時代早期に、養育者を失うか離別により愛情剝奪を体験したものと、そうでないものに分けて、前頭前野機能を比較した。すると、より顕著な機能低下があったのは、剝奪体験のないほうだった。

この結果は、殺人の一部のケースに、前頭前野の機能低下が関与していることを示すとともに、殺人という行為が、前頭前野機能といった一元的な脳の問題には還元できないことを示している。幼いころに養育者の愛情を奪われるという体験も、前頭前野機能とは別に、殺人という行為に影響を及ぼすのである。レインらは、前頭前野機能の低下と愛情剝奪という二つの要因が足し合わされることで、殺人という行為がおこりやすくなると考察している。

実際、同じような障害を抱えていても、育った環境によってその人の行動は大きく左右される。過酷な体験や不利な環境が脳機能の脆弱性《ぜいじゃくせい》に重なると、反社会的行動の危険が高まるのである。

脳波異常

脳波異常も、非行少年の一定の割合に認められるものだ。脳波異常のある少年では、カッとなりやすかったり、イライラしやすかったり、普段はおとなしいのに、爆発するととんでもないことになったりする。ただし、脳波異常のみによって非行が引き起こされていると考えられるケースは稀だ。背景をみると、愛情に問題を抱えていたり、虐待を受けていたりするものが大部分で、その程度も暴力的でひどい虐待が目につく。意識を失うほど殴られたとか、二階から投げ落とされたとか、浴槽に頭から沈められたとか、そういうことが日常的に行われているケースも少なくない。そうしたケースでは、脳波異常自体、虐待の影響が推測されることもある。先のレインらの別の研究は、子ども時代に虐待を受けた暴力的犯罪者には、そうでない暴力的犯罪者に比べて、前頭前野に限らず脳全般の異常が高頻度で認められることを報告している。

脳波異常がある場合も、そこに愛情不足や虐待という攻撃性を強化する要因が加わって、衝動的な暴力傾向が生み出されていることが多いのである。

【ケース】脳か心か？

ある十六歳の少年の場合も脳波異常があった。普段はおとなしくて、小柄で内気な少年なのだが、ときに爆発すると、別人のようになって暴れ回る。机を振り上げて、扉に叩きつけるという激しさだった。入院の原因となった事件も傷害だった。

こういう事実だけみると、脳波異常があるから事件をおこしたのだという短絡的な結論になりそうだが、彼が育ってきた背景をみると、別の側面が浮かび上がってくる。

彼の両親は、小学校一年のときに離婚。母親は三年後に再婚。ところが、義父はひどく性格に問題があるうえに暴力的な人で、機嫌が悪いと彼にも母親にも激しい暴力をふるうようになった。それでもひたすら我慢するしかなかったのだが、彼が中三のとき、我慢するわけにはいかない出来事がおこる。義父が、中学に上がったばかりの彼の妹におぞましい行為を行ったのである。

ようやく決意した母親は義父と縁を切る。しかし、離縁された義父は、その後も押しかけてきて、復縁を迫るという状況が続いていた。

彼は少年院にきても、同じ夢を繰り返し見ると訴えた。その夢というのは、彼が家にいて、義父が押しかけてくるというものだった。彼は、部屋に置いてある金属バットで殴りかかるのだが、かわされてしまう。今度は包丁を持ち出して、義父を滅多刺しにしているところで、いつも目が覚めるのだ。実際、義父がやってきたときに備えて、部屋に金属バットが置いてあったという。彼がどれほど義父の存在に脅《おびや》かされ、激しい憎しみを抱いていたかが、ありありと迫ってくる。

そんな彼は、人間不信の塊そのもので、他の少年にもスタッフにもなかなかうち解けず、些細な言葉を悪口や非難、否定と受け取ってしまい、もう（単独室から）集団寮へは出たくないと言い出すことが再々だった。

彼の衝動的な攻撃性には、こうした対人不信感が脳波異常に劣らず関係しているといえる。別に脳波異常があっても、暴力事件などおこさないことのほうが普通だからである。

脳の異常と非行や犯罪を一元的に結びつけることには、慎重でなければならないだろう。

逆転する文法

多動型の子では、こうした行動の問題や、集中力の乏しさなどのために、学習面でもふるわないことが普通である。ＩＱも七十未満の子が少なくない。多動型の子でも、たまに飛びぬけて高いＩＱの子がいるのだが、学校の成績はさんざんだ。学習というのは知能だけでなく、集中力や持続力に大きく左右される。したがって、せっかく高い知能をもっていても、それが生かせないのである。

いきおい、行動面でも学習面でも、叱られてばかりということになる。当然、強い劣等感を抱いている。しかし、こうした子どもたちも、他の子どもたちと同じように、自分を認めてもらいたい、受けいれられたいと思っている。ただ、いびつな形で身につけてしまった、攻撃的で強情な行動パターンや反応の仕方が、それを邪魔してしまうのだ。

彼らはつい「可愛げがない」ように振る舞ってしまう。大人はどうせ自分を否定すると思っているので、先回りしてわざとそういう反応をするように仕向けることもある。もしかしたら自分のことを認めてもらえるかもしれないと期待して裏切られるよりも、そのほうがずっと傷つかなくてすむからだ。否定され続けてきたものが自分を守るために身につけた、悲しい行動様式である。

彼らの挑戦的でわざと怒らせるような態度や反応は、額面どおりに受け取られると、生意気で非常識だ、ということになってしまう。彼らの行動の文法は、肯定文と否定文が、しばしば逆転するのだ。このことを忘れないようにしないと、何だ、あの態度は、こちらを馬鹿にしてるのか、と受け取ってしまう。自分に余裕のない大人や、その人自身が安全感の乏しい人は、そうした子どもの態度に自分のプライドを傷つけられたと感じ、たちまち過剰反応し、ひとつギャフンと言わせてやろうとか、あんなやつは知るかということになってしまうのだ。

その結果、攻撃的な態度や見捨てるような態度で反応し、子どもの不信感を一層強化しただけで終わる。

しかし、攻撃的な態度はまだ救いがある。見捨てさえしなければ、それは、ある局面では必要な場合もある。本気で向かい合えば、冷静な理性ばかりでは追いつかないこともあるのだ。人間なら、怒りという生の感情が出てくることがあっても当然だ。それが、本当の「本気」であれば、むしろ通じる。心から叱ることができる大人は立派な大人だと思う。自分にいい加減な気持ちがあったり、純粋な思いがなくなると、そういうことはできなくなる。ただし、それは特別な局面に限られることはいうまでもないが。

『グッド・ウィル・ハンティング』の現実

『グッド・ウィル・ハンティング』という非行少年を扱った映画がある。知能は高いが札付きのワルであるウィルが、保護観察所からカウンセリングを受けるように命じられて、ロビン・ウィリアムズ演じる精神科医マクガイヤーのところに送られてくる。ウィルは、はなから真面目にカウンセリングを受けるつもりなどない。ただ、矯正施設行きを免れるために、嫌々やってきただけだ。意に添わないことをやらされて面白くないウィルは、ふてくされた態度をとり、マクガイヤーを挑発するような物言いをする。マクガイヤーは黙って聞いていたのだが、ウィルが壁にかかったマクガイヤーの描いた絵をけなしたうえに「心理分析」してみせ、さらに彼の妻の名誉を傷つける言動に及んだとき、怒りを爆発させる。彼はウィルの胸倉を摑んで言う、「妻を侮辱することは許さん」と。妻は亡くなっていたのである。

ウィルの心の防壁が、そのエピソードを境に崩れ始めるという展開なのだが、そこには、現実の場面にも通じるものがある。それは、この大人は「本気」だというものがなければ、子どもは変わらないということだ。マクガイヤーの怒りは、ある意味、他者愛的というより自己愛的なものなのだが、そこにウィルは、自分と同じ傷ついた生身の人間を感じたのかもしれないし、亡き妻をいまも守り続けているマクガイヤーの態度に、信頼できる何かをみたともいえるだろう。その「何か」は、ウィルが信じることをやめていたものかもしれない。いずれにせよ、ウィルはマクガイヤーに、失望させられ続けてきた大人とは違う存在を感じ取ったのである。

ただし、現実とは違う点もある。まずは、初対面からこういう挙に出れば、信頼関係を築くのは、一般には非常に困難になるということだ。こういう態度が意味をもつまでには、長い時間をかけて築かれた信頼関係が前提になる。さらにいえば、怒りや挑発に怒りで反応するのではなく、それを悲しみとして受けとめ、静かに諭す大人の態度が、子どもの中に、自分を省みる心を育むのである。大人の中に生じる怒りではなく、悲しみが、子どもの心に自分と向かい合う「悲哀の仕事」を促すのだ。そして、大人の振る舞い方そのものを、子どもは知らず知らず取り込んでいくのである。

「学校にくるな」

それに対して、彼らの挑発的で反抗的な行動をまともに受け取って排除する方向は、目障りなものを消し去り、目の前の厄介事から逃れるという意味しかもたない。しかし、現実には、非行に走り始めた子どもは、しばしば学校からも厄介もの扱いされがちである。不登校の問題に取り組む一方で、不登校の一定部分を占める非行初期の少年たちは、むしろ歓迎されざる存在であり、学校にこられると困るとの事情も聞く。「学校にくるな」と言われたことを打ち明ける子どもも少なくない。見捨てられたと思った子は、満たされなかった受容や承認の欲求を、どんどん危険な形へとエスカレートさせることになる。

その一方で、立ち直り始めた子どもは、自分に向かい合ってくれた先生や手を差し伸べてくれた人のことをしみじみと語るようになる。すぐ行動にはつながらなくても、その子の心にはきちんと届いているのだ。

非行少年のうち、半分以上は青年期のうちに落ち着いていくが、何割かは反社会的性向をもった大人になってしまう。そうさせないためにも、彼らが暴力や犯罪という形で社会にリベンジするのではなく、もっと現実的で生産的な形で雪辱を果たせるような支援とチャンスが必要なのである。

ものわかりの良すぎる子

依存型の子は、同じ非行少年でも、反抗的で乱暴な多動型の子とは、だいぶ趣が異なり、まるで正反対の印象のこともある。依存型の子は、一人でいる限りは反抗的というよりは従順すぎるほどで、粗暴なこともしなければ、周囲を困らせるようなことも少ない。最初のうち刺々《とげとげ》しい態度をとることはあっても、長くは続かない。非行が始まってから多少すれてはきていても、一枚ベールをはぐと、自分に自信がなく、人に頼らないと不安な素顔があらわになる。他人の支配を受け、顔色をうかがいながら生きてきた中で身につけた、人当たりの良さと気配りを心得ている。いかにも甘えん坊の子もいるが、中には年よりもとても大人びた印象のしっかりものという場合もある。どちらにせよ、何でもかんでも突っかかってくる、つっけんどんな多動型の子とは、接した感じがまるで違う。(語弊を恐れずに喩《たと》えれば、依存型はサービス精神旺盛な接客業向き、多動型は体を動かすのを厭《いと》わない土建業向きといえるかもしれない。実際、職歴をみると、そうした傾向の違いがみられる。）

「どうして、こんな普通の子が」と思うのだが、そこには落とし穴があるわけだ。先に述べた態度は、あくまで「一人でいる限りは」という条件付きなのだ。集団生活の中で泳ぎだし、他の子がからみ始めると、容易に別人のような振る舞いに及ぶ。悪友や先輩やヤクザの彼氏にそそのかされて社会で犯していたのと同じ過ちが、施設の中でも別の形で出てくることになる。

中には「良い子」を演じ続ける場合もある。逆に「悪い子」ぶる場合もある。ただその場合でさえ、基本的に話は通じる。こちらの言葉にいくら反駁《はんばく》しようと、早い段階で内面的な話が成立するのだ。話ができれば、さまざまな働きかけが可能である。

多動型の子の場合はそうはいかない。話だけではなかなか深まらず、行動の変化にもつながりにくい。したがって、多動型の場合には、行動に働きかけることも非常に重要である。感情のコントロールを理性の力だけでやれといっても、難しいのだ。しかし、行動をコントロールする術を覚えることで感情もコントロールできるようになる。

一方、依存型の難しさは、自分の本当の気持ちや意志がとても貧弱で、曖昧《あいまい》にしか存在しないことだ。最初は、本当の気持ちはまったく表面に出てこないほうが普通である。何も問題がないかのように振る舞うこともある。「私がいけなかったんです。でも、もう反省したから大丈夫です」というふうに、簡単に「反省」して、簡単に「納得」してしまうのだ。家族のほうにも同じ傾向がある。このタイプは、本人も家族も、問題に向き合わずに、ごまかしてしまうのが得意だ。面会に来ても、ここが少年院ではなく、どこか楽しい場所でもあるかのように、たわいもない話題や明るい話だけをして、冗談を言ってゲラゲラ笑っているということもときどきある。

お互い気を遣って現実の暗い話を避けているつもりなのかもしれないが、ここまできて肝心な問題について語り合えなければ、永久に問題に向かい合うことなどできない。苦しくても本当の気持ちを話すことが解決の第一歩になるのだが、互いの顔色ばかり見て、それをずっと避けてきた家族には、いままで演じ続けてきた「芝居」をなかなかやめられないのだ。そこにこそ、最大の問題があるのだが。

依存型の子は、恋人との関係であれ、薬物であれ、非常に溺れてしまいやすい。最初は軽い気持ちや受動的に関わりを始めるのだが、いったん手を染めるとやめることができないのも依存型の特徴である。何であれ、やめるのが苦手なのだ。それも、主体的に生きる力を身につけずに育ってきたためである。

依存型の子は、親の強い心理的な支配の中で育った子である。そのため、自分の気持ちや意志を明確にする訓練が不足してしまっている。他人の気持ちを、自分の気持ちと取り違えてしまい、人の気持ちに合わせることが自分の気持ちだと勘違いしていることもある。

【ケース】「私はブス」

覚醒剤乱用と売春で、矯正施設に送られてきた少女Y子は、非常に控えめで、大人びた印象の子だった。境界性人格障害の子のように過度に甘えようとしたり、愛情を得ようと必死になったりするわけでもなく、指導に素直にうなずき、何事にも「そうですね」「そのとおりです」と答える。周囲の少年（少年法上は、少女も少年と呼ばれる）ともイザコザをおこすわけでもなかった。

どうしてこんなにきちんとした子が、非行の深みに入っていったのか、と思えるような子だった。

ところが、日が経つにつれ、Y子の問題はこの過度な従順さやものわかりの良さにあることが明らかになっていく。Y子は周囲の顔色を見ながら、それに合わせて生活していた。自分の気持ちや意志を訊《たず》ねても、困ったような顔をするばかりだ。いろいろ聞いてみると、自分の本当の気持ちや考えを、これまでほとんど言わずにすごしてきたことを打ち明けた。

「自分の話はどうせ面白くないので」「相手を怒らせて、嫌われるのが怖い」とも言う。

相手に対する過度な服従は、自信のなさとも関係していた。Y子は、同年代の子と比べても、決して見劣りしない容姿をしていたのだが、「自分はブスだ」と固く信じていた。自分に言われたほめ言葉より、否定的な言葉ばかりをよく覚えていた。

そうしたY子の態度は、親との関係に原因があるようだった。Y子は一人っ子で、決して粗末に育てられたわけではなかったが、親に対しても、とても気を遣った態度や言葉遣いをとっていた。非行のことをただ謝罪し、自分のせいで親を困らせてしまった、ごめんなさいと、手紙にも、模範的だがどこか表面的な言葉ばかりを綴《つづ》っていたのである。

親にすまないと思っているだけなら、最初から非行に走ったりはしない。本人自身も、そのことを感じているのか、帰る日が近づくにつれて、逆に不安そうな表情を浮かべるようになった。「自分は何も変わっていない」「このままでは、また同じ失敗をしてしまうかもしれない」という言葉が、ぽろっと出てくるようになる。

やがて、Y子の口から母親がアルコール依存症で、いつも酔いつぶれるまでお酒を飲んでいたことや、借金をつくって父親ともめていたこと、自分が親の顔色をうかがってばかりで、誰にも自分の気持ちを言わなくなっていたことなどを振り返るようになった。

「自分には自分の気持ちというものがなくなっていた。周囲に合わせるのが、自分の気持ちのようなものだから」

親に対してとっていたのと同じ態度を、知らず知らず周囲の人にもとって、嫌われないために彼氏や友人の言いなりになっていたことが、今回の非行にもつながっていたことに気づくようになったのである。

依存型の子は、自分の気持ちを言うのが苦手だ。親の過度な支配を受け、親の顔色を見て育っている子が多く、自分の気持ちよりも親の意志が優先されてきたため、自分自身の意志を明確にもつことができない。気持ちを曖昧にしたまま、周囲に合わせて雷同してしまうのである。アルコール依存症などを抱えた親をもつ人には、自分の気持ちが言えない、ノーと言えない、相手の機嫌に合わせて、自分が本当は望まないことをしてしまう、といった特有のパーソナリティの問題が認められるが、それはこのケースのように、親の自己愛に奉仕することを強いられた依存型の子の特徴でもある。

受容体験の場としての非行集団

多動型の子どもにしろ、依存型の子どもにしろ、自分をありのままに受けとめられたり、気持ちを尊重されたりするという体験が乏しい中で育てられている。多動型の子は、否定され、抑えつけられ、罰せられてきたため、体に染み付いたような根深い劣等感をもっている。それでも、学校がどうにか本人を受けとめてくれている間は踏みとどまって、大きく逸脱することはないのだが、学年が進み、勉強もますますわからなくなり、本人の居場所や認めてもらえる場がどんどんなくなってくると、その子は学校や家庭の外に自分のありかを求めようとする。そうした受け皿となるのが非行集団や危険な大人である。そこで、初めて自分が受けいれられたと感じることも多いのだ。

依存型の子は、ある時期までは、甘やかされたり、親の思いどおりにさせられてきた子で、自分の意志や主体性が育っていないため、周囲の影響力に対して非常に無抵抗な面をもっている。セッティングされた、守られた環境の中で動いている間はいいのだが、思春期に入って外への関心や活動性が高まったところに、家庭や学校で、以前ほど自分を認めてもらえないという状況が重なると、満たされない承認欲求を、外の世界に求め始めるのである。それは、親の支配を脱して新しい自分を確立する意味もあるのだが、依存型の子では、自分で自分を支え、守る能力が十分育っていないため、親の代わりをする新しい依存対象に盲従するだけになり、危険な方向にどんどん流されていってしまう。ところが、本人は新しい世界や本当の自分と出会ったような錯覚に陥っている。親がそれをとめようとして規制を強めると、本人は新しい自分を否定された、わかってくれないと感じて、さらに非行集団や危険な輩《やから》との関係にのめり込んでいくことになる。

依存型の子では、相手を見極め、自分を危険から守る能力が、小さな子ども並みであるため、とても騙《だま》されやすいといえる。たとえば、覚醒剤を教えられ、性的に搾取されたにすぎない男を、誰よりも自分のことを理解してくれたと本気で思い込んでしまうのである。

多動型にしろ依存型にしろ、自分で自分をコントロールし危険から身を守るという、もっとも基本的な能力が育まれていないことに加えて、家庭や学校という本来の所属場所に、受容され、認められる居場所を失っている状況が、不幸な結果を生み出しているのである。

教育が削ぎ落としてきたもの

人は誰でも、自分の存在や価値を認めてもらいたいと願っている。自分にも取り柄があり、人にとっても役立つ存在でありたいと思っている。なぜなら、自分の価値は自分自身によっては与えられないからである。人に受けいれられ、認められて初めて、自分の存在や価値を実感できるのだ。

人が最初に存在としての自分の価値に目覚め、それを確かなものとして実感するのは、親との関係においてである。親が自分を大切に扱ってくれることによって、自分を大切なものと感じることができるようになる。

不幸にして、この段階で親に愛されず、大切にされなかったものは、生涯不確かな感覚を背負わされることになる。反対に、親や家族に大切にされすぎて、自分で自分を支える力が育たなかったものは、依存し、追随する存在を常に必要とし、そのために別の危険にさらされる。

もちろん完璧な親などいないわけで、程度の差はあれ、何らかの過不足が生じることは避けがたい。そうした過不足を修正するとともに、つぎの段階として、親や家族以外の人によって受けいれられ、存在価値を認められる体験をする場が、学校を中心に遊び友達も含めて成立する地域社会である。

子どもにとって学校は、初めて出会う世間であり、社会というものを学ぶ場である。知識を身につけるよりも、まず大切なのはそこに受けいれられ、自分を認められる体験をすることである。

そこで、しっかりと受けいれられる体験をしたものは、人とのつながりや社会に対してポジティブなイメージを抱くことができる。ところが、逆にそこで拒否されたり、否定される体験をしたものは、人や社会に対する不信感やネガティブな感情を長く引きずることになる。自分は受けいれられない、劣ったダメな存在だということを幼い心に刻み付けるために学校が機能したとしたら、それはあまりにも悲しいことだ。しかし、一部の子どもたちにとって、そうした事態が現実となっているのである。

非行少年たちの多くが学校で味わった思いはそうしたネガティブなものであり、彼らは学校によって自分たちの存在や価値を否定されたものたちなのである。

【ケース】少年の復讐

　ある少年は、体育祭の日にわざわざ無免許のバイクで学校に乗りつけ、運動場を走り回って、競技をめちゃくちゃにした。なぜわざわざ学校をターゲットに選び、人が大勢集まる体育祭の日に暴れたのか。それを、単に目立ちたいからだと解することはできない。学校はサボっていても、彼の中には学校へのこだわりがあるのだ。教師や他の生徒に自分の存在を誇示したいという思いが、ありありと滲《にじ》んでいる。それは、自分も認めてもらいたいという挫かれた思いの表れなのである。

　傷つけられたという思いが、復讐という形をとることもある。別の少年は、通っていた小学校に火をつけるという事件をおこした。彼は軽い発達障害のある子で、小学校時代いじめられていて、そのことに対する仕返しの思いが、そうした行動につながっていた。

　どちらもまったく短絡的で筋違いな行動ではあるが、受けいれられたいという願いと、それを踏みにじられたものの怨念がこもっているのである。それを愚かしい行為として切り捨てることは簡単だろう。しかし、こうした幼い日の心の傷にとらわれ続けているものもいるという事実を心に留めておいてほしい。

生かすも殺すも

アスペルガー障害のような広汎性発達障害がある子どもは、周囲から行動を理解されず、孤立したり、いじめや嘲《あざけ》りを受けたりすることが少なくない。そうした心の傷が、過剰な警戒心や不信感を植え付け、その後の対人関係をおどおどした、いびつなものにしてしまう。元々こだわりが強いだけに、成人してからも過去の恨みにとらわれていることが少なくない。

実際の学校現場には、こうした子どもが何人か必ずいて、「問題児」や「トラブルメーカー」のようにみなされていることも多い。先生方も、どう接していいかわからないと悩んでいる。しかし、周囲がその特性を理解し、受けとめようとするだけで、がらりと状況が変わる。見守られているという安心感が、本人の行動を落ち着いたものにし、周囲にもなじんでいく。彼らの優れた特性が輝いてくることも多い。(ちなみに、エジソンもアインシュタインも発達障害だったといわれている。) こうした変化が教えてくれるのは、発達障害の子の奇異で周囲を混乱させるような振る舞いも、障害にだけ由来するのではなく、自分も認めてほしいという思いにも由来しているということである。

同じことは、広汎性発達障害の子どもだけでなく、ＡＤＨＤの子どもや、それがこじれてしまった行為障害の子どもについても当てはまる。彼らは広い意味で、「発達の問題」を抱えた子どもたちである。それがうまく理解され、その子の現状にあった導きが得られるかどうかが、その後の歩みを左右するのである。

たとえば、先に述べたような多動型の少年にとって、長い時間机の前に座って、教師の話を聞くのは、もっとも苦手とするところである。しかも、授業の内容がまったく理解できないとなれば、相当な苦痛である。多動型の非行少年たちの多くは、少年院に入ってきたとき、小学校低学年レベルの学力にとどまり、ごく初歩的な段階ですでに躓《つまず》いたまま、フォローもされていない。学年だけが自動的に上がり、中学校に進んで、内容がどんどん難しくなると、もうチンプンカンプンの世界だ。本人が少々やる気を出したところで、すぐに挫《くじ》けてしまうのは目に見えている。頑張ろうと思っても、頑張りようのない状況に追い込まれているのだ。

彼らの多動や傍《はた》迷惑な振る舞いは、彼らの「多動性」ばかりに原因があるのではない。むしろ、興味のもちようのないものをやらされたり、努力しても達成不可能な課題を与えられてきた状況にも一因があるのだ。

しかし、彼らも学びたくないわけではない。本当は、学んで理解したいと思っている。自分を発揮し、認めてもらいたいと思っている。いままでわからなかったことがわかるようになると、目を輝かせるし、作業などにはとても根気よく取り組む子も多い。だが、こういう長所はあまり活用されることもなく、欠点のほうばかりが否定されがちである。そのことが、とても残念に思える。

一つには、教育の場に、こうした子どもたちに対するきちんとした受け皿がないことが、不幸な事態を生み出している。もっと広い視野で、一人一人の特性を生かす方向に子どもたちを育てていくことが、これからは必要なのではないだろうか。この問題については、後の章で改めて論じたい。

第四章　運命を分けるもの

——非行発現のメカニズム

これまでの章で、非行少年のさまざまなタイプや特性について述べてきた。

そこに浮かび上がったのは、従来型のケースであれ、今日的な特性をもったケースであれ、子どもたちの不可解な振る舞いの根底に、傷ついた思いや満たされなかった願望が見出されるということであった。それは、親に愛されなかった子どもの悲しみということもできるだろう。それが露骨に親代わりの愛情や承認を求めるという形で出てくるのが境界型や依存型といえるだろうし、表面的な振る舞いは正反対なほどに違ってはいても、多動型や回避型、自己愛型でも共通する心性が認められるのである。親に愛されたくても愛されなかったカインの時代から、いつの世も、子どもたちは親を求め、親に認めてもらいたいと願ってきた。その願いはしばしば裏切られ、あべこべな行き違いや誤解の迷路に陥ってきた。親の承認や関心を求める裏返しの願望が、目を覆うべき惨劇やおぞましい反社会的行動を引き起こしてきたのである。

ただし、こうした問題について、繰り返し投げかけられてきた疑問がある。一見同じような境遇に育っても、一方には犯罪にどっぷりと浸かって生涯をすごすものもいれば、もう一方には悪を憎み、正義や人類愛のために一生を捧げるものもいる。また、小さいころは手のつけられない暴れん坊だったのに、大人になると立派な社会人としてやっていく人もいるし、逆に、子ども時代は何の問題もなく良い子、優等生としてすごしたのに、思春期後半から脱線し、反社会的行動を反復するようになる場合もある。こうした違いはどこから生じるのかという疑問である。

この疑問が繰り返されること自体が、非行や反社会的な行動が、単一の、一元的な要因に帰せられるものではないということを示している。実際、非常に多元的な要因がからんでいるのである。

本章では、非行や反社会的行動が生じる原因について考えながら、そうした危険を減らし、また乗り越えるためには、何が大切なのかを考えていきたい。

素質か環境か

非行の成因については、人格の形成などと同様に、nature（生まれ）か nurture（育ち）か、つまり、素質的要因か環境的要因かをめぐる議論がなされてきた。環境的要因には、養育者の愛情やケア、養育者以外の家族との関係も含めた家庭、学校や遊び友達、さらにはその後の人生体験や社会の影響などが含まれる。

素質的要因か環境的要因かを厳密に論じるのは、実は容易ではない。なぜなら、養育者である親も、子どものもつ素質的要因をある程度共有しているわけで、素質的要因が養育環境にも影響を及ぼすからである。

さらには、子どもの素質と環境の相互作用の問題もある。先にも述べたように、多動で活発な素質をもった子どもの場合、「育てにくい」という理由で、抑えつけや虐待を誘発しやすい。素質的要因と環境的要因は、独立したものではないのだ。

こうした問題をクリアしつつ両者のウエイトを比較する有力な方法として、双生児研究がある。遺伝的には同一である一卵性双生児と、通常の兄弟と同じ程度の差異がある二卵性双生児とで、非行や反社会的な行動の出現の有無がどの程度一致するかを調べることにより、遺伝的要因と環境的要因の比重を推測するわけだ。

実際に行われた双生児研究によると、一卵性双生児と二卵性双生児の青年期非行（満十歳から十八歳未満で始まる非行）の一致率は、いずれも七〜八割と高いが、両者の差は小さいことがわかった（図参照）。これは、遺伝的要因の影響が比較的小さく、双生児が共有していた環境の影響が非常に大きいことを示している。

ちなみに、成人犯罪の双生児研究では、一卵性双生児間の一致率は約五割、二卵性双生児間の一致率はその半分で、一卵性と二卵性の一致率に大きな差が認められた（図参照）。つまり、成人犯罪においては、遺伝的な要因の関与が比較的大きいと同時に、双生児間で共有されなかった環境、つまり、社会に出てからの体験の影響も大きいと考えられる。

非行と成人犯罪における双生児間の一致率

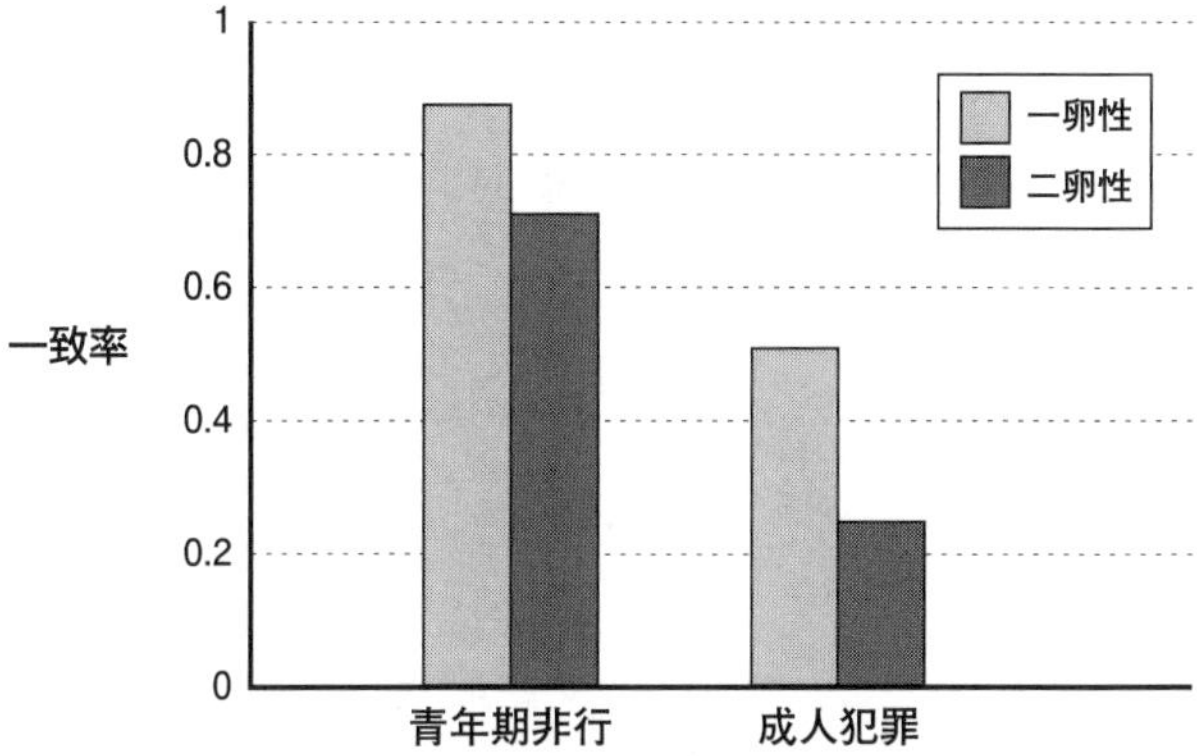

C. R. Cloninger, et al, "Genetic and environmental factors in antisocial behavior disorders," 1987より

この結果から、青年期非行は、成人犯罪に比して素質的要因よりも環境的要因（ことに家庭環境や遊び友達の影響）の関与が大きいと考えられる。ただし、同じ非行でも、小児期に始まるタイプ（開始が十歳未満）では、青年期に始まる非行より、素質的要因の影響を強く受けることも明らかになった。その中でも、ことに小児期から成人期まで持続するタイプの非行では、高い遺伝率が認められたのである。最近の研究では、早期に発症するタイプにも、遺伝性が高い持続性のものと、環境的要因が大きい一過性のものがあるといわれている。

このように、非行には、成因や経過、予後の異なるタイプが存在する。タイプによって変動はあるが、素質的要因か環境的要因かの一方ではなく、両者がからまり合って非行が生み出されている。ただ、社会全体としてみた場合、子どもの素質的要因が、十年程度の時間単位で急激に変化するとは考えられないため、凶悪な非行が増える事態は、環境的要因の変化を示しているといえる。

養育は胎児のときから始まる

生得的か後天的かという議論の死角を突くように、その境目の時期に、意外な原因がひそんでいるのではないかとの説もある。母親のお腹に入っているころ（胎生期）、あるいは、お腹から出てくる際（周産期）のトラブルが、子どもの成長発達に重大な支障を引き起こすことがあり、非行や反社会的な行動についても、この時期のトラブルが影響を与えているのではないかというのだ。その裏づけとなる事実としては、暴力的な非行少年には、そうでない少年に比して、周産期の問題が多く見出されることや、暴力事件の逮捕者には、分娩時の合併症が多いことがあげられている。

モフィットは、生涯にわたって持続する反社会的行動は、胎生期及び周産期のトラブルによって生じた神経心理学的欠陥と、望ましくない環境的要因が結びつくことで引き起こされるとの仮説を唱えた。神経心理学的欠陥として、モフィットは、気難しい気質、行動の制御が苦手、認知能力の不足の三つをあげ、これらは将来の反社会的行動の予測因子となると述べている。

不幸なことに、母胎内での神経系の発育障害は、母親の飲酒癖、薬物乱用、感染症、栄養不良、不規則な生活、低年齢などにともなっておこりやすく、生まれてきた子どもの予後を一層困難にする。つまり、気難しく育てにくい子どもに対して、余裕のない親は否定的な態度で反応し、事態をこじらせていくのである。

また、最近では、妊娠中の母親の喫煙が、早期に発症し生涯にわたって続く他害行動と、特異的に関係があるとの報告がなされて衝撃を与えた。妊娠中の母親の喫煙は、反抗的行動、行為障害、薬物乱用とも関係が見出されている。たとえば、母親が妊娠中に喫煙していると、子どもが犯罪で捕まるリスクは、喫煙していない場合のほぼ二倍になり、行為障害になる危険は二倍から四倍に増える。こうした影響は、恵まれない社会環境の子どもに、より強く作用するとの調査結果も示されている。

妊娠中や周産期の問題は、自殺のリスクを高める要因としても注目されている。形成途中にある幼弱な脳はダメージを受けやすいのである。

胎生期や周産期に生じた中枢神経系のダメージと、不利な環境的要因が重なることで、非行や暴力傾向の形成が促進されてしまうと考えられる。ここでも、生得的な要因と後天的な要因は深くからまり合っているのである。

無視できない性差

非行や反社会的な行動を語るうえで無視できないのが、性差の問題である。性差を克服しようとする社会の方向とは裏腹に、犯罪の領域では明白な性差が存在する。暴力的な非行や凶悪な犯罪の九割以上は、男性によってなされているという現実がある。それは、遺伝的、生物学的に男性に背負わされた攻撃性と不可分の宿命ともいえるだろう。男性ホルモンは、暴力的傾向と深く結びついているのだ。

また、胎生期に、精巣でつくられるテストステロン（男性ホルモン）は血流に乗って脳に達すると、発達中の神経細胞に降り注ぐ。そうしたテストステロンのシャワーを浴びた男性脳と、そうでない女性脳の違いが、さまざまな機能的差異を生むことがわかっている。言葉が優位で受容的な女性脳と、行動が優位で口下手な男性脳の違いは、行動パターンに当然影響する。たとえば、多動型や回避型の非行は、圧倒的に男子に多いのである。

ただし、そうした性差は、単にホルモンなどの生物学的な条件だけによるというより、男性、女性というジェンダーに課せられてきた文化的、社会的な役割と重圧の結果でもある。

実際、従来型の非行少年の一つの特徴は、「古風な」封建的男性観に重い価値をおいているということだ。彼らは男としての名誉にこだわる。メンツや沽券《こけん》に関わることには、相手が同僚少年であろうが、教官であろうが、啖呵《たんか》を切って捨て身の構えで躍りかかっていく。

傷害事件をおこした少年は、こんな本音を漏らした。

「ワルとして名が売れてくると、段々あとに引けなくなってくる。本当はそこまでやるつもりのないことを、その場の空気でやってしまっていた」

周囲の「期待」を感じ取って、一層過激で暴力的な行動に走らざるをえない「文化」の中に彼らは住んでいるのだ。男としてのメンツが、他者への共感よりも暴力による優越を選ぶのである。


では、一方の自己愛型や回避型では、男性性に対するこだわりが劣るのかというと、実はそうでもないのだ。このタイプの若者は、どちらかというと中性的な印象で、膂力《りょりょく》や腕力にはあまり自信がない子である。けんかっ早い多動型の非行少年に比べたら、女の子のようにおとなしいともいえる。表面的な闘争性は抑えられているわけだが、男性性や攻撃性が乏しいと単純に考えることはできない。

箱庭を作ったり、絵を描いたりすると、彼らの中に抑えられている攻撃性が、しばしば過激な形で出てくる。殺戮《さつりく》や大量虐殺の場面ばかりを表現する子もいる。抑えられた攻撃性が、災いをなしていることがわかってくる。治療が進むにつれて、こうした攻撃性は、表現の中でも徐々に解消されていく。

　こうした子どもたちは、ある意味、男性性を獲得しようとして、獲得しそこなった子どもたちだ。父親との関係が希薄だったり、父親が本人を虐待していたり、父親が母親から軽蔑されていたりして、父親を健全な尊敬の対象としてお手本にできていないケースが大半である。

　子ども自身の男性性が脅《おびや》かされ、虚仮《こけ》にされている状況もよく見出される。いじめられたり、嘲笑を受けたり、およそ「男らしい男」とは正反対な自分に、強いコンプレックスを抱いている。彼らは、そうしたコンプレックスの代償として、超人的な戦闘能力をもつ主人公が登場するマンガ、小説、ゲーム、格闘技に心酔している。

　男性性に過度に同一化するにしろ、同一化できずに葛藤するにしろ、若者たちは男であるという重圧から自由ではない。犯罪行為が、弱々しい少年の、男であることの最後の証明ではないかと思われるようなケースもあるのだ。

　ある家庭内暴力の高校生は、色白のひょろっとした、いかにも弱々しそうな少年だった。ところが、気に入らないことがあると、親や家財道具に蹴りや拳骨を炸裂《さくれつ》させていた。ただし、それは家庭内だけでの話で、施設にやってきた彼は、借りてきた猫よりもおとなしく、目つきの鋭い非行少年たちにすっかり臆していた。両親が面会にやってきたときだけ、別人のように居丈高な態度をとり、命令口調になる。

そんな彼も、同年代の若者の中で揉まれ、たくましく成長するにつれ、普段の態度が堂々としたものになるとともに、両親に対しては感謝や気遣いを示すようになった。

このケースに限らず、家庭内暴力やおとなしい子の突発的暴力は、歪められた男性性の間違ったはけ口という側面もあるのだ。

他方、女子の非行も、女性というジェンダーの特性と深く結びついている。女子の非行は、そもそも微罪や虞犯《ぐはん》（罪を犯す虞《おそ》れがあるとして保護の対象となったもの）が多く、また、覚醒剤使用や売春といった、本人自身が被害者の側面をもっているケースが高い比率を占める。凶悪犯罪はごく例外的で、そうしたケースも身内や知り合いが被害者になったものが大部分である。

女子では、多動型や回避型のケースは少なく、依存型や境界型が中心を占める。自傷行為や摂食障害をともないやすく、また、愛情欲求が強く、依存対象を求めようとして、さまざまな行動化を引き起こすため、処遇の点では、男子以上に難しいケースが多いといえる。

取り戻せない時間――奪われた愛情の傷痕

イギリスの児童精神科医ウィニコットは、元々小児科医として臨床を始めた人で、子どもの健全な自我の基盤の形成に、母親の全身全霊をこめた愛情が非常に大切であることを強調した。彼は、第二次大戦中、疎開事業の相談員となったのだが、その中で非行少年を預かるホステルとも関わるようになった。その活動を通して、ウィニコットは、非行少年の多くが深刻な愛情剝奪を経験していることを知ったのである。

今日でも、この状況は基本的に変わっていない。非行少年の家庭環境を調べると、すぐに目につくのは、恵まれない境遇で育った子が高率に認められるという事実である。施設に収容されている少年では、実父母の少なくともどちらかがいない家庭は半数以上を占め、親に養育されていない子も少なくない。親も家もない子が、精神病の症状が出て働き口をクビになり、三日間何も食べずにすごした末に、スーパーで握り飯を盗んで捕まったというケースもあった。子どもが少年院に入っても、面会どころか手紙一つ寄越さず、やっと顔を見せたと思ったら、一緒には暮らせないと、引き取りの拒否を伝えにきたというケースもよくある。熱心に関わる家族でも、心のどこかで拒絶していて、本人とはにこやかに話す一方で、職員には「出さないでほしい」と本心を伝える場合もある。

愛情剝奪や見捨てられ体験の影響は、不可避的に子どもの心に傷痕を残すが、ことに早い時期に母性的な愛情を奪われたケースでは、その影響は深刻だ。

アメリカの心理学者ハーロウの有名な研究は、動物を使った実験とはいえ、母親の存在というものの意味を改めて教えてくれる。

生まれた直後のマカクザルの仔ザルは、母ザルから引き離されると、育つことなくほとんど死んでしまうが、針金に布を巻き、哺乳びんを取り付けた母ザルの人形を置いておくと、仔ザルはそれにしがみついて乳を吸い、育つことができる。哺乳びんは無しだが布で覆われた「ソフトマザー」と、哺乳びん付きだが針金でできた「ハードマザー」のどちらと長い時間を過ごすかを調べてみると、驚いたことに、仔ザルたちはソフトマザーのほうを好んだのである。愛情の本質は、お乳を与えられることだけではないのだ。しかし、生き延びた仔ザルも、社会的な行動がうまくできず、妊娠出産しても育児に無関心であったり虐待するようになった。別のアカゲザルを使った研究でも、生まれてまもなく母親から引き離された仔ザルは、不安行動が強く、新しい体験や仲間に関心を示さず、攻撃的で、孤立すると自傷行為や情動行動を繰り返した。

かわいそうな仔ザルの姿は、愛情なく育った子どもたちの姿に重なるのである。

イギリスの精神分析医ボウルビィによれば、母親から引き離され、施設に預けられた乳幼児は、最初泣き叫んで「抗議」するが、やがて「絶望」して無反応になり、「ひきこもり」の状態に陥る。さらに分離が長引くと、母親と再会しても無視や敵意を示し、「脱愛着」を生じてしまうという。

愛情に恵まれない環境で育った非行少年が示す、深刻な人間不信は、この「脱愛着」状態と深く関係している。ただし、愛情を奪われる体験が、即非行や犯罪に結びつくわけではなく、生きづらさや根深い人間不信となって社会での適応を悪くする結果、他の不利な要因が重なると非行や犯罪に走る危険が増す、といったほうが誤解がないだろう。

早期に母親の愛情を奪われる体験は、比較的短期間のものであっても、免疫系や内分泌系、脳や身体の成長に大きな影響を及ぼす。成長ホルモンの分泌が低下して成長が止まったり、免疫力が低下して病気がちになったり、脳の発達も遅れを生じやすくなるのである。

実際、深刻な愛情剥奪を経験した子どもたちは、みんな小柄で、体も弱い。発達の遅れもみられ、四、五歳になっても、おむつがとれないどころか、這《は》っていることもある。幼い子どもにとって、母親というものが生きる力を与える原動力であるということを、痛いほど感じさせられる。

母親が亡くなるとか、離別するといったことがなくても、愛情剥奪や見捨てられ体験はおこる。ありがちなのは、母親自身が自分の問題で手一杯になり、子どもに関心を向けられなくなった場合だ。また、兄弟に病気や障害があって、母親の愛情や関心がそちらに独占されてしまうことも同じような影響を生む。そのときは聞き分けもよく、我慢しているので、親はこの子は心配ないと高をくくってしまい、本人の寂しい思いに気づかないことも少なくない。小さいころ一番しっかりしていたものが、甘えそびれて、後で問題をおこすというケースは、非行に限らずよく見られる。

愛情剥奪の影響は、後年大きく二つの表れ方をする。一つは、他人に対して心からの親しみや愛着を感じることができにくくなる場合である。外界への関心や意欲も低下する。人に対する防衛や緊張が強く、内閉的な傾向やぬくもりのある共感性が欠ける傾向を示しやすい。自分の殻にこもり、相手が誰であろうと、心から信用したり、うち解けたりすることが難しくなるのだ。

もう一つは、誰であれ甘えられそうな人をすぐに求め、依存する場合である。相手が誰かということにあまり執着はなく、とりあえず甘えられれば誰でもよく、状況によってつぎつぎと相手を変えていく。誰にでもすぐにうち解けるものの、恒常的な信頼関係が築かれにくい。

どちらの表れ方をするかは、本人のもっている素質によっても左右されるが、愛情や安全を脅かされる体験が、いつごろ、どんなふうに生じたかによっても違いが出る。前者のケースは、ごく早期に愛情剥奪を体験した子どもでもっとも典型的だが、陰湿ないじめや虐待を長期にわたって受けたケースでもみられる。後者のケースは、もう少し大きくなってから愛情剥奪を経験したケースに多く、面倒をみてくれる人がつぎつぎ変わったような場合に典型的にみられる。施設暮らしが長い子どもなどでは、この二つの傾向が混じっていることもある。

いったん身についた愛着パターンは、簡単には変わらない。幼いころの愛情不足を穴埋めしようと、大きくなってから甘やかしたりすることは、ときどきあることだが、かえって事態をこじらせてしまいがちだ。ある時期に与えられるべき愛情を後で補おうとしても、非常に難しいのだ。

つぎの不幸なケースもそうした例である。

【ケース】少年がコンビニに押し入った理由

コンビニに強盗に押し入ったある少年は、刃物をつき出し、「金を出せ」ではなく「警察を呼んで下さい」と言ったという。彼は、いまの暮らしから脱出するために、警察に捕まりたかったのである。

彼が脱出したかった暮らしとは、どんなものだったのだろうか。

彼は、まだ物心もつかないうちに両親が離婚したため、父親のもとに残されることになった。母親は生まれたばかりの妹だけを連れて、父親のもとを去った。ところが、養育に行き詰まった父親は、一年も経たないうちに、彼を養護施設に預けてしまう。それから、彼は中学を卒業するまで施設で大きくなった。

ところが、中学を卒業して間もないある日、ひょっこり母親が訪ねてきたのである。母親は、息子の顔をどうしても見たくなって、別れた夫に連絡を取ろうとしたのだが、消息がわからず、いろいろ苦労して、やっと居所を突き止めたと思ったら、そこには息子はいないことがわかったのだ。母親は、父親が彼を育ててくれているものと信じ込んでいたのである。

こんなことと知っていたら、もっと早く迎えにきたのにと、母親は悔しがったという。彼は、母親の希望をいれて、母と妹と一緒に暮らすことになる。それは、彼が何十度、何百度となく夢見た暮らしのはずだった。

ところが、母との暮らしは最悪なものとなる。ほとんど記憶にさえない母親と、彼はすぐにぶつかり合うようになったのだ。彼には、母親と一心同体のような妹が、腹立たしくて仕方がなかった。自分と妹に対する母親の些細《ささい》な言葉遣いの違いにも、ムカムカしてしまうのだ。刺々しい言い合いが、毎日のように繰り返されるようになった。しかし、近くに友達さえいない彼は、気晴らしをする術《すべ》もなかった。

そんな状況で、事件はおきたのである。

愛情を与え直してやりたいという母親の思いとは裏腹に、彼は、もう存在しないものとして諦めをつけていた母親との生活が現実となったとき、これまで抑え込んでいた怒りや不満をかえって感じるようになったのである。

このケースの場合、施設にやってきた初めのうちは、警戒的で、内にこもる傾向ばかりが目立った。やがて、周囲のスタッフに安心感を覚えるようになると、ある時期から、今度は誰彼なく自分にかまってくれる人に、過度に甘えるようになった。

しかし、その甘え方はどこかぎこちなく、度が過ぎてしまうか、ちょっとでも拒否されると、背を向けて自分の殻に閉じこもってしまうのだった。

こうしたケースに接していると、人が人に愛着し、信頼を抱けるということは、決して当たり前のものではなく、親の愛情と世話が、われわれに与えてくれた賜《たまもの》なのだということをしみじみと思う。

争う親、嘆く親——心を蝕む家庭内葛藤

前の項では愛情剝奪の影響について述べたが、念のためいっておけば、片親しかいない、あるいは両親ともいなくても、立派に育つ子は大勢いる。そうした子どもは、失われた愛情の分まで補ってくれる存在に恵まれている。逆に、親がそろっていても、いがみ合ったり嘆いてばかりいては、子どもはうまく育たない。少年院送致になった子どもを対象にした調査では、離婚や別居自体よりも、家庭内の緊張や不和が子どもを傷つけるとの結果もある。

子どもたちの思いを聞きながら、つくづく思うことは、子どもはどちらの親も大切に思っているということである。口先では、親なんか関係ないとか、どうでもいいとか言っている子ほど、心の中では傷を受け、こだわっているのだ。

渦中にいるときは、子どもは黙って我慢している。親のほうは自分のことで精一杯で、おろ

おろしたり、喚《わめ》いたり、愚痴をこぼしたりしてしまう。親の話の聞き役になっている場合もある。親は、この子はしっかりしていると錯覚して、本来子どもに話すべきでないことまで相談したりする。子どもが本当はどう感じているかまで、思いが及ばないのである。

そうした影響は、少し遅れてから出てくることになる。

両親間の問題が多いが、祖父母と親の間の葛藤が影響している場合もある。家庭内葛藤は、それ自体が悪影響を及ぼすだけでなく、親の心に余裕がなくなり、子どもへの配慮や関心が薄くなってしまったり、バランスの悪い溺愛につながったりすることで、さらに子どもをスポイルしてしまう。

【ケース】予定された離婚

ここで紹介するのは、両親の愛情の破綻が、どれほど子どもに深刻な影響を与えるかを改めて痛感させられたケースである。

強姦の罪で逮捕された高校生は、何事にもクールで、いつもポーカーフェイスの少年だった。与えられた課題にはそつなく取り組んでいるのだが、何事につけても本当の気持ちというものが感じられない。ただ損得だけで計算して、打算的に行動しているのがみえるのだ。

事件に至った原因について、本人は次のように分析した。受験を控えていたが、成績が下降気味で学校が面白くなくなっていたこと。そんなとき、中学時代の友人と再会して、一緒に遊ぶようになったこと。被害者の女性を車に連れ込んで乱暴しようとしたとき、周りの雰囲気に引きずられて、はっきり拒否できなかったこと。

そして、自分は首謀者ではなく、たまたま居合わせてとめられなかったために連帯責任を問われただけなのだと、自己弁護した。

彼は、まだ事実から目を背け、自分の都合の良いように辻褄合わせをしていた。それは、事件のことに限らなかった。たとえば、彼が事件の原因としてあげたことにも、巧みなごまかしがあったのだ。

やがて打ち明けてくれたのだが、彼が学校生活を楽しめなくなっていたのは、受験や成績のせいばかりではなかった。彼は高校に一人も友人がいなかったのである。彼が通っていた高校は、第一志望の高校ではなく、こんなレベルの低い高校の連中と付き合っても仕方がないと思っているうちに、誰も親しいものがいなくなっていたのだ。

それだけではなかった。彼はもっと深刻な問題を抱えていた。彼の両親は家庭内離婚の状態で、彼が高校を卒業したら正式に離婚することが、前々から決まっていたのだ。

ところが、彼に家庭について訊《たず》ねても、「別に普通だ」としか答えない。もう少し突っ込むと、両親が離婚する予定であることを話し出すが、まったく他人事のように淡々としている。

「親が離婚するのに平気なのか？」と訊ねると、「前々から決まっていたことだし、いまさら、何とも思わない」と言う。

さらに詳しく話を聞いていくと、その話は彼が高校に入ったころからずっと引きずっていたことがわかってくる。

彼は、父親のほうについていくか、母親のほうについていくか、実利的な観点で天秤にかけるような話し方をした。私の目には、感情抜きに打算的にだけ考え振る舞うことで、自分を必死に守っているようにみえた。

「自分の本当の気持ちを、親に言ったの？」

「言っても、どうせ同じだし」

「同じでもいいから、言ったらどうだ。自分の気持ちだろう」

いままで、まったくポーカーフェイスを貫いていた彼の顔が、困惑と苦痛に歪んだのは、そんなやりとりを重ねたときだった。

彼の心はずっと痛めつけられていたのだ。両親が別れると言いだしたときから、彼の中の時間は止まったように感じられていたのだ。何をしても面白くないし、何をする気もおこらなくなっていた。だが、彼はそんな自分の気持ちに向き合うのがつらくて、何も感じまいとしていたのだ。そんな中で、彼の行動は少しずつ狂いを生じていったのである。

過ぎたるは……

重い非行の子どもたちのケースで目につくのは、保護と愛情の絶対的な不足だ。そうした子どもは、深刻な愛情不足の中におかれ、安全すら脅かされて育っている。また、明白なネグレクトや虐待のない、一見「普通の家庭」にみえる場合も、前項のケースのように親の都合や気持ちに振り回され、不安定な愛情環境の中ですごしていた。

ところが、その一方で、非行に走った子どもたちの別の一群は、両親から大切にされすぎるほど大切にされた子どもたちである。過ぎたるはなお及ばざるがごとしというが、満たしすぎることも子どもをダメにする。保護や援助を与えすぎることは、子どもの自立能力や主体性の発達を損なってしまうのである。

最近、少年非行でおきているもう一つの異常事態は、不遇な境遇の子どもよりも、比較的恵まれた家庭の子どもによる非行の割合が増えていることである。一部では、逆転現象さえおきている。こうしたケースにみられるのは、甘やかされ依存させて育てたため、ちょっとしたストレスや挫折、悪い誘惑に抵抗力がなく、安易な方向に逸脱してしまった状況である。

子どもには、完全に満たされる時期と、小さな傷つきにもしだいに耐えられる力を養う時期とがあるが、溺愛されたケースでは、小さな傷つきに耐え、忍耐力や自己統御能力を養う後者の段階が損なわれてしまうのである。こうした間違った子育てがおこりやすいのは、親や保護者の側に、傷つきや強い不安がある場合が多く、よけい子育てをバランスの悪いものにする。

【ケース】大切すぎる存在

自身、精神科医であり、行為障害の子どもの母親でもあるビクトリア・グリーンリーフが、息子のことを描いた『一握りの灰(A Handful of Ashes)』という胸をうつドキュメンタリーには、その冒頭、息子ダニエルを産むために夫婦がどれほど苦労したかが、生々しく描かれている。ビクトリアは子宮に異常があり、非常に流産しやすい体質だったため、妊娠の維持が極めて困難だった。妊娠中はほとんどベッドにくくりつけられた生活を余儀なくされる。度重なる流産の後に、やっと息子をその手に抱いたときの喜び。だが、ダニエルの成長とともに悪夢のような日々に変わっていく……。

しかし、それは一つの典型的な始まりだったともいえる。大切すぎる存在であるがゆえに、そこには落とし穴がひそんでいるのだ。そうした事情を抱えたケースは、実際の臨床でもよく出会うものである。

暴れん坊でシンナー中毒の、ある非行少年は、ようやく生まれた兄が夭逝して、その後に生まれた子だった。両親は、彼を目の中に入れても痛くないほど溺愛した。息子のわがままと悪戯《いたずら》が度を越していることに気づいて、親が手綱を引き締めようとしたときには、すでに時機を失していた。意見をしようとした父親は、息子に蹴りを食らわされて、肋骨を折られた。以来、息子の暴力を恐れて、息子が親の車を無免許で乗り回そうが、黙って生活費を持ち出そうが見て見ぬ振りをするほかなかった。

施設での彼は、まるで大きな赤ん坊だった。反省もなく、目の前の不快さから逃げることにひたすら心を砕いているようだった。ありとあらゆる体の症状を訴え、実際、よく寝込んでいた。さんざん体を壊すようなことばかりしてきたくせに、ひどく神経質で、小さな吹き出物一つでも、命に関わる大事のように大騒ぎをした。

幼いころ溺愛された子には、神経質な傾向や、自律神経系の発達の遅れがしばしばみられる。保護者側の不安や神経質さが反映させられたためでもあり、周囲が自律機能を肩代わりしすぎた結果でもある。元暴走族の総長がひどく心気的だったり、痛みに弱かったりするのである。

虐待や育児放棄と同様、行きすぎた溺愛や過保護も、子どもを損なうという点では五十歩百歩だといえる。

注意を要する「善意の虐待」

過保護と並んで、恵まれた家庭に多いのは、親自身がそれと気づかず、むしろ子どものためだと思って行っている「善意の虐待」である。過度の心理的な支配や強制、押しつけも、肉体的な虐待と同じ作用を及ぼす。育児や教育に熱心すぎる強迫的で完璧主義の親が、知らず知らず子どもを支配しすぎている場合もある。そこで優先されているのは親側の気持ちであり、子どもの気持ちは汲まれていない。子どもにとっては逃げ場のない苦役に感じられ、慢性的に精神的外傷を与えてしまっている場合もある。

明らかな虐待やネグレクトは早い段階で影響が現れるが、親がそれと気づかずに行っている虐待や強制は、ずっと後になって影響が出てくることになりがちだ。こうしたことが、いまごく普通の家庭でおきているのである。

核家族化と地域社会の崩壊という状況の中で、子どもと親との関係は、緩衝材や仲介役となる存在を失い、閉鎖的で密着しやすいものとなっている。こうした一種の密室状態の中で、親が子どもに及ぼす支配的影響は、ブレーキがかかりにくく、極端に走りやすいといえる。東京都が行った児童虐待に関する調査でも、虐待が三世代世帯よりも、二世代世帯（核家族）において高率に発生していることが示されたが、これは、いわゆる虐待にとどまらず、「善意の虐待」についても当てはまると考えられる。子どもにとっては逃げ場のない状況で、親が一面的な価値観を押しつけたり、気まぐれな扱いをすることは、精神的な虐待になりやすく、あとで思いもかけない悪影響が出てくる。

こうしたケースでは、親の期待や基準を一方的に押しつけて、知らず知らず子どもを虐げてしまっている。子どもは精神的にもすっかり病気になり、そのうえ、ひどい非行までしているのに、親のほうはまだ自分の期待にこだわり、面会にやってきても進学のことばかり心配していたりする。わが子を可愛いと思う親心とはいえ、あまりにも子どもの現実とのズレに言葉を失いそうになる。そこで大切にされているのは、本当に子どもの気持ちなのだろうか。

さらにこれらのケースでありがちなのは、親の期待にかなう兄弟が一家の基準になり、その基準から外れた子がダメ扱いされ、はみ出し者にされている場合である。子どもはそうした親の評価に二重に傷つくことになる。

【ケース】少女が援助交際に求めたもの

覚醒剤中毒後遺症で入院となったK子は、中学校三年になって成績が伸び悩み始めたころから援助交際に走り、覚醒剤にも手を染めてしまっていた。

両親ともに学歴が高く、兄と姉も成績優秀で、有名大学や進学校に進んでいた。当然のごとく、両親はK子にも、兄や姉と同じことを期待した。小さいころから学習塾に通わされ、そこそこの成績だったが、中三になって周囲が頑張り始めると、もうK子に余力は残っていなかった。親のほうはK子の努力が足りないと厳しい目を向ける。これまでも、優秀な兄や姉に比べられて、「どうして、あなたは、そんなこともできないの？」と、否定的な言い方をされ続けていたのだ。

K子の行動がおかしくなり始めたとき、両親はわが子におこっていることがまったく理解できなかった。自分の娘が薬物に手を出し、援助交際をしていることは、信じられないというより、信じたくもないことだった。面と向かって問いただしたり、叱責することさえできずに、持ち物を探ったり、こっそり様子をうかがっていた。そんな両親の態度に、K子は不信と失望をつのらせる。

施設にやってきた後、K子は、自分が覚醒剤に走り始めたころの親の反応について、こんなふうに話した。「本当は、もっとしっかりとめてほしかった。こそこそ監視するのではなく、面と向かって叱ってほしかった」と。

K子は、援助交際した動機について、「お金がほしいということもあったが、それだけではなかった。大人の男の人からちやほやされて、まるで女王さまのような気分になれた。これはまやかしだとわかっていても、その快感がやめられなかった」と語った。K子は、援助交際の相手が中年の男性だったことについて、「たとえ二十代の人から話があっても、四十代位の人のほうを選んだと思う」と述べ、その理由をすぐには答えられなかったが、半月ほどして、「親や学校の教師と同じ年代だったことが関係していると思う。親や教師に認めてもらえない分を、代わりの大人にほめてもらうことで代用していたような気がする」と自分なりに振り返ったのである。

その背景には、「兄や姉に比べて、自分はダメな子だと思っていたから。頑張っても、どうせ親にはほめてもらえない」という、自分に対する否定的な思いがあったのだ。

親に認めてもらえない代償を、子どもは自分の身を危険にさらしてまで求めてしまうことを、すべての親は肝に銘じるべきだろう。

ここまで述べてきた愛情剝奪や家庭内葛藤、溺愛や過保護といった背景は、非行少年にだけみられるものではない。まったく非行と縁のないタイプの人格障害でもみられるし、そうした背景をもっていても、健全な社会生活を送っている人も大勢いる。同じようなバックグラウンドを抱えていても、非行という形に表れる場合もあれば、そうでない場合もたくさんある。この違いはどこから生じるのだろうか。

素質的要因や生得的な原因が関与している部分もあるだろう。脳の器質的な問題との関連も無視できない。しかし、今日の少年非行の低年齢化、凶悪化という社会的スケールでおきている現象を、そうした生得的、器質的な要因で説明するのは難しいといえる。そうした中で、一つ重要な要因として浮かび上がってくるのは、非行や反社会的行動の学習という問題である。

非行には学習モデルがある

非行を考える場合、忘れてはならないのは、非行は学ぶものだという側面である。攻撃的な行動パターンが学習されやすいことは、行動心理学的研究で確かめられている。攻撃的な行動に限らず、非行には通常、学習モデルがあり、非行文化との接触が、非行が学ばれる「徒弟」段階として存在する。したがって、非行の要因として、遊び仲間や先輩、兄弟姉妹などの影響を外すわけにはいかない。

実際、施設にやってきた非行少年に、非行に走るきっかけは何だったのかと訊ねると、「友達がやっていたので」とか、「先輩に誘われて」という答えが圧倒的に多い。特に、依存型や多動型の大部分は、遊び仲間からの影響によって非行に手を染め始めている。先のケースにしても、援助交際という悪しき非行文化や、そこで知り合った男にそそのかされなければ、中学生の女の子が覚醒剤中毒になることもなかったのである。

非行に走る他の要因を抱えていたとしても、仮にそうした仲間との接触がなければ、こうはならなかっただろうと考えられるケースは少なくない。三人いる兄がみんなヤンキーで、鑑別所や少年院に出たり入ったりしているという子の場合、兄の行動を真似るなり、強要されて、非行に染まってしまいやすい。小学校低学年でタバコを吸い、バイクを乗り回すという「早熟」ぶりも、こうした環境でなら抵抗なくおこってしまう。朱に交われば赤くなるの喩《たと》えは、非行少年たちには特に当てはまる。意志が弱く依存的な彼らは、周囲の環境に非常に左右されやすいのだ。

こうしたタイプでは、かつての遊び仲間や彼氏、地元の暴力集団との関係を清算できるかが、非行の再発を防げるかどうかの重要な鍵になる。親や身内が犯罪文化にどっぷり浸かっているようなケースでは、犯罪と訣別することは容易ではない。従来型の非行では、こうした地域社会との関係が非常に大きなウエイトをもっていたし、いまもそうしたケースは少なくない。

このように、非行は多くの場合、身近なモデルから行動を学習し模倣する。学習対象となるモデルが、先輩格の非行少年や成人犯罪者であるのが、これまで一般的だった。ところが、最近の非行では、従来みられなかった現象がおきている。インターネットやマンガなどから影響を受けて、危険な行動に走る事例が出てきたのである。また、センセーショナルな事件報道を聞き、明らかにその事件に触発され、あるいは事件自体を模倣して、犯行に及ぶ少年が続いたりした。

中学生が家に火をつけるという同種の事件が相次いだり、警察官から拳銃を奪おうとする事件が各地でおきたりした。こうした少年の場合、自らも、犯行の直接的、間接的動機として、そうした報道を聞いたことをあげている。ある少年が自分の家に火をつけたのは、夕方のニュースで中学生が放火したという事件の報道を見た直後だった。

子どもは、脳の未熟さ、よくいえば柔軟性ゆえに、良いことでも悪いことでも影響を受け、学習してしまったり真似をしたりということがおこりやすい。最近の突発型非行でおきていることは、身近な人物から非行を学習したのではなく、インターネットやマンガ、ゲーム、マスメディアから、情報として非行を学習して、それを何かの弾みに行動化してしまったという事態である。現実の体験が不足しファンタジー優位な子どもたちは、仮想と現実の境目を一層見失いやすいといえる。

非行文化への暴露および犯罪行動の学習という観点からいえば、インターネットのコンテンツもマンガやゲームの過激な場面も、子どもの心や脳に、ある意味、犯罪の指南をする先輩や悪い大人以上の影響を与えているといえる。この場合、子どもたち自身が一番の被害者なのである。

非常に真面目だった子が、パソコンを買ってもらってインターネットを始め、少女を陵辱する内容のゲームにのめり込むようになって、ほどなく強制わいせつ事件をおこすという事態は、まさにそうした悲劇である。無菌状態で育った子どもほど、こうした悪影響を受けやすいのである。

また、携帯やメールを通じて、顔の見えない人間とつながり合うことが当たり前となった日常は、知らないうちに悪い大人が子ども部屋にまで上がり込んでいる状況をつくる。子どもが犯罪に巻き込まれようとしていても、保護者はその徴候にさえ気づきにくいのである。

被害体験が加害行動を生むしくみ

ここ数年、ミラーニューロンというのが非常に脚光を浴びている。ミラーニューロンの存在が知られたのは、九〇年代の後半。イタリアのリッツォラッティ博士たちは、サルの脳に細い電極を差し込み、物を掴む運動をしたときのニューロン（神経細胞）の活動を記録していた。一息つこうと、博士たちがジェラートを食べていたときである。活動電位をモニターするオシロスコープが、活発な活動を映し出したのだ。何がおこっているのか、最初は博士たちもわからなかった。サルは、器具に固定されたまま、研究者たちの様子を見ていただけで、何も掴む動作はしていなかった。それなのに、掴む動作をしたときに活動するニューロンが盛んに活動していたのだ。そして、博士たちは気づいた。同じニューロンが、博士たちがジェラートを手にしている光景に反応しているのだと。

つまり掴む運動に関与するニューロンと、掴む動きを知覚するニューロンが、一つのニューロンとして存在していたのである。ある行為を見ることと、することが、同じニューロンによって司られていたわけだ。言い換えると、受動的体験と能動的体験が、表裏一体の関係にあったということだ。

たとえば、暴力シーンを見ることと暴力をふるうことが、ニューロンという極めて基本的な単位においてさえ、分かちがたい関係にある可能性が出てきたのである。暴力行為は模倣、学習されるということこれまで行動心理学が観察してきたことが、脳のレベルで裏づけられる可能性が出てきたのだ。

すべてがミラーニューロンと結びつけられるかどうかはともかく、人は自分が身に受けたことを、他人に対して繰り返してしまう傾向がある。それも一つの行動の模倣、学習といえるだろう。その意味でも、子どもが受ける虐待は、非共感的で暴力的な傾向を、幼い心に植え付けてしまう危険がある。

実際、虐待を受けたものは、明らかに暴力的な非行に走るリスクが高くなる。また、虐待を受けて育った子は、非行だけでなく、さまざまな不適応をおこしやすい（図参照）。虐待は、偏った認知や思考パターンを発達させ、それが不適応行動を助長しやすいのだ。たとえば、身振りや仕草に対する過剰反応、悪意に解釈する傾向、すぐ攻撃的な反応をすること、攻撃の効用を肯定的に考える傾向などを後年もたらすという。

また、虐待と同様、非共感的な暴力や攻撃を学習させる体験となりうるのが、いじめである。いじめは、非行を促進する要因として無視できない問題である。非行少年には、小学校のころ

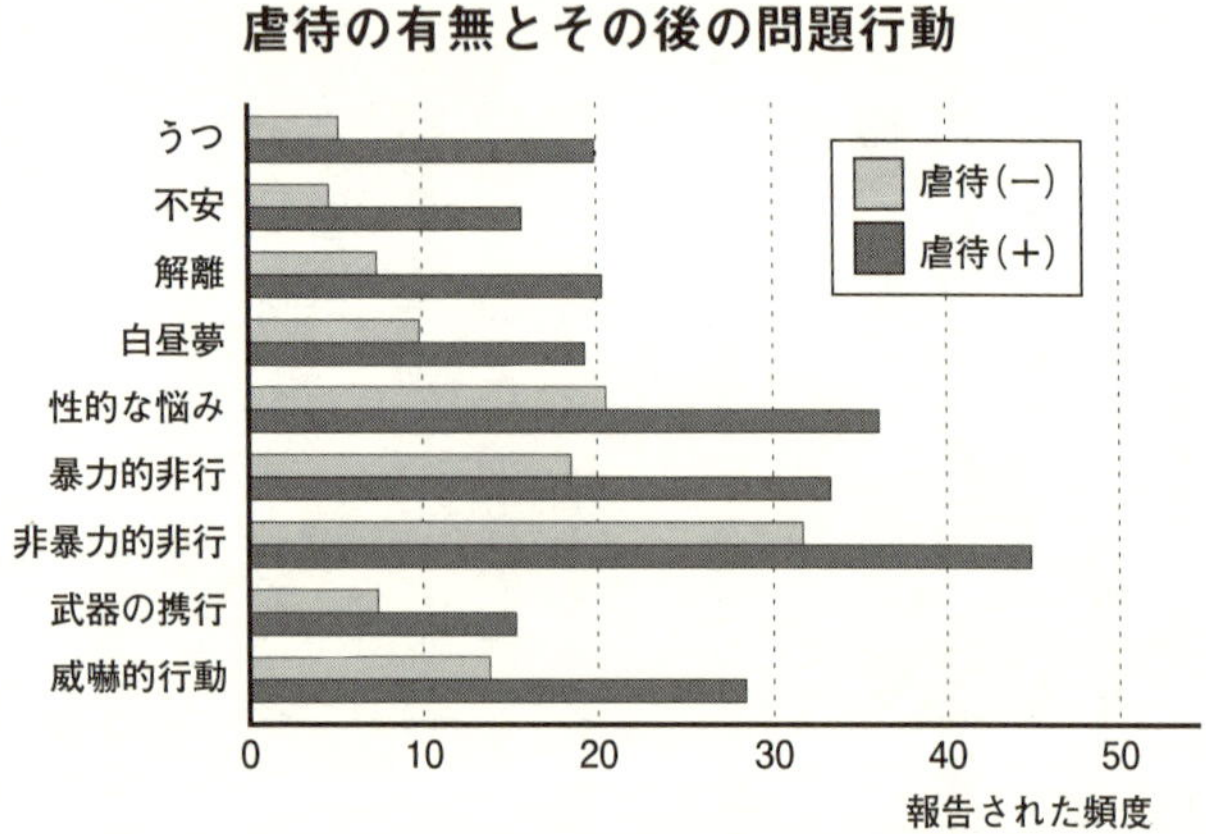

D. A. Wolfe, et al, "Child maltreatment : Risk of adjustment problems and dating violence in adolescence," 2001 のデータより作成

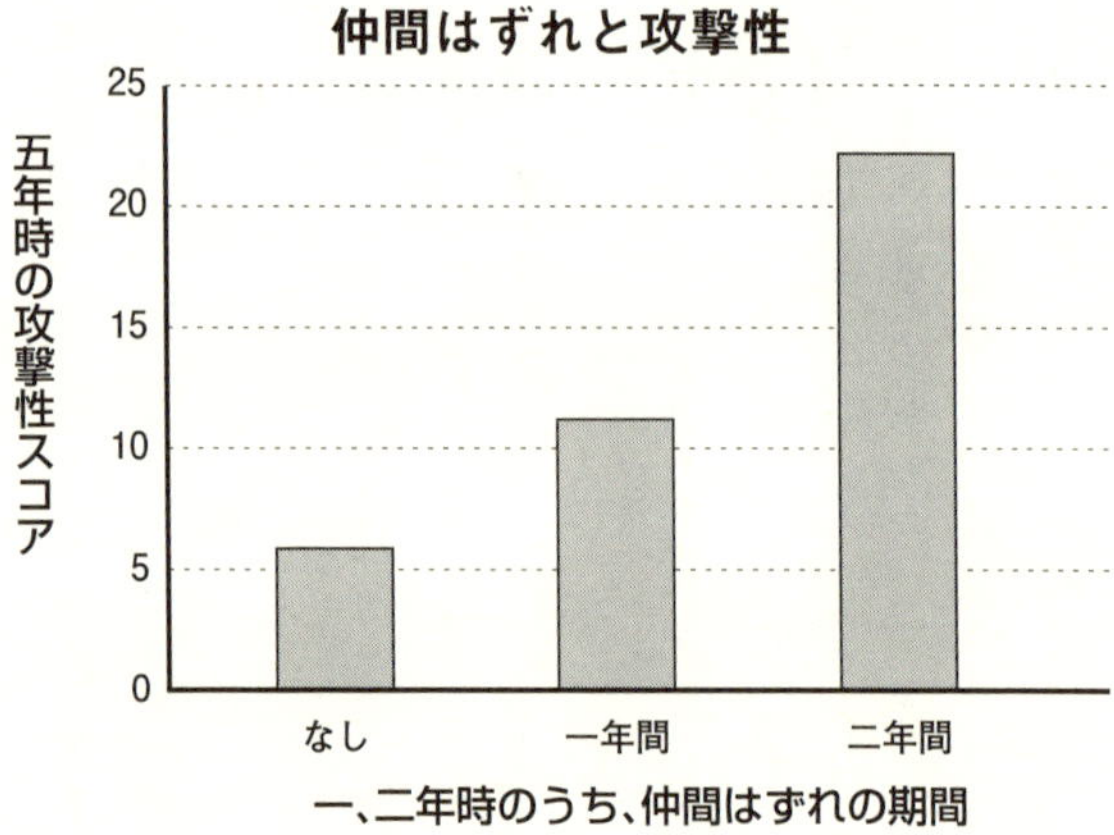

K. A. Dodge, et al, "Peer rejection and social information-processing factors in the development of aggressive behavior problems in children," 2003のデータより作成

にいじめられた経験をもつものが少なくない。また、良い子が突然重大な犯罪に走る背景の一つとして、幼いころにいじめられた体験が重要だが、しばしば見逃されている。直接的ないじめでなくても仲間はずれにされるという体験が、その後の攻撃性や他者に対する敵意を高めることが明らかになっている。

ある研究では、小学校一、二年時に仲間はずれに遭った期間と、小学校五年の時点における攻撃性の関係を調べると、仲間はずれに遭うことのなかった子に比べて、二年間のうち一つの学年だけで仲間はずれに遭った子は、五年生の時点における攻撃性のスコアが二倍近くになり、さらに、どちらの学年でも仲間はずれに遭った子どもは、攻撃性のスコアが四倍近くにもなった（図参照）。

仲間から拒絶される体験が、後に高い攻撃性を生むことになるのだ。しばしばそれは、成人後まで引きずられ、怒りに満ちた危険な反社会性へと変質を遂げることもある。

子どもは大きな可塑性をもつが、それだけに、子ども時代の体験は生涯にわたって決定的な影響力を及ぼす。そのことを裏づける根拠は、脳レベルでもしだいに明らかになっている。生後数ヶ月まで、脳ではシナプス（神経と神経のつなぎ目）が過剰に形成されるが、そのうちの使われるものだけが生き残り、使われないものは失われていく。「刈り込み」という現象である。青年期の終わりに脳が完成してしまうまでに、どのシナプスを生き残らせるかは、その子の成長過程での体験と学習にかかっている。つまり、体験と学習が脳を変えていくのである。

子どもに何を味わわせ、学ばせるかは、まさに、われわれ大人や社会の責任に負うところが大きいのではないだろうか。

居場所のなさが生む非行

これまで述べてきた生得的な要因、養育上の問題、虐待やいじめ、暴力的あるいは搾取的な行動の学習などの要因が重なれば重なるほど、子どもたちが非行や反社会的な行動に走る潜在的危険が高くなる。しかし、不利な条件が重なった場合でも、本格的な非行や反社会的な行動に走るとは限らない。

弾がこめられ、撃鉄がおこされたからといって、銃弾が発射されるわけではない。引き金を引く最後の過程が存在するのだ。

子どもが非行へと向かうとき、そこに必ず見出される状況がある。それは、例外なく本人の居場所がないことだ。言い換えれば、現実の生活に対して、子どもが何らかの不適応をおこしているということである。学校であれ、家庭であれ、友人関係であれ、すべてが順調にいっているとき、子どもが非行に走ることはない。一見、突発的にみえる非行も、現実生活での躓《つまず》きや軋轢《あつれき》に続いておきているのである。

子どもが、居場所がないと感じるとき、さまざまな理由があるが、その根底にあるのは、その子の存在が脅かされ、安心感を失っていることである。多いのは、学業不振、友人関係での孤立、親からの否定的な扱いや見捨てられ体験だ。学校でも、家庭でも、マイナスの評価しかもらえず、行き場をなくしているのだ。

ただ、学業不振にしろ、友人関係での孤立にしろ、周囲の問題である場合もあるが、たいてい、かなりの部分は本人自身にも原因がある。それは、根気や粘り強さといった耐久力の乏しさだったり、人間関係における身勝手さだったり、時間や約束を守らないといったルーズな傾向だったりする。ことに最近の子どもに目立つのは、過大なプライドや自己顕示性と傷つきやすさがアンバランスに同居して、対人関係や生活に支障を生じている状況である。

その意味で、非行は適応不全だともいえる。現実にうまく適応できない補いを、安易で短絡的な方法でつけようとした代償行動でもあるのだ。

【ケース】内気な青年の脱線

おどおどして、気の弱そうな青年D夫は、まったく誰かと間違えられて、少年院に連れてこられたかと思うほどだった。号令やかけ声にさえ震え上がり、頭を抱えてうずくまってしまう。

まさか、この臆病な青年が、小学生の女児に対する強制わいせつを繰り返していたとは、想像しがたいかもしれない。しかし、現実には、幼女に対するわいせつ行為で捕まるのは、たいてい同年齢の女性に対しては気後れしてしまう、内気で自信のない人たちである。

D夫は、進学予備校に通う浪人生だった。D夫はなぜ、そうした逸脱行為に耽《ふけ》ってしまったのだろう。後に、D夫自身が分析したように、そこにはいくつかの要因が重なっていた。

一つは、受験を控えて、プレッシャーがかかっていたことである。しかも、母親は口うるさく厳しい物言いをする人で、良い点は言わず悪いところばかりをあげつらわれるので、D夫は凹《へこ》みがちだった。おまけに、母親の腰巾着のような姉が、一緒になってD夫をやっつけるので、D夫は口ではとうていかなわないと、反論さえ諦めていた。

さらに、予備校でも孤独だった。友達もおらず、昔の仲間からも孤立していた。ガールフレンドどころか、この一年、同年代の女の子と口をきいたこともなかった。

D夫は、いまでもぬいぐるみを抱いて寝ていた。ぬいぐるみには、小学校のころ好きだった少女の名前が付けられていた。その習慣は、父母の仲が険悪となって離婚する前後から続いていた。彼は月に一回だけ、別れた父親に会って、近況を報告することになっていた。

実は、最初の犯行が行われた日も、彼は父親に会いに行ったのだ。教育熱心な父親から、成績が下降していることをこっぴどく叱られ、国公立がダメなら授業料は出せないと言われたのである。その帰り道、彼は以前から前を通っていた公園で、少女が一人遊んでいるのを見かけた。D夫はふらっと立ち止まると、少女に声をかけていた。

逮捕されたとき、D夫は未遂も含めて数件の強制わいせつ行為を繰り返していた。

このケースのように、優等生が突然脱線というケースも、いくつもの要因が、しかも長い年月をかけて、じわりじわりと圧し重なった結果なのである。

非行発現の三要素

現在進行形の非行を考える場合、適応不全として非行を捉えるモデルが、実際的で、役に立つ。現にいま問題行動がおきているときに、幼いころの養育がどうだったとか、生得的な素因がどうだとかいっても始まらないからだ。

適応不全として考えた場合、非行の発現には、つぎの三つの要素が鍵を握ることになる。①**その子の抱えている適応上の問題**、②**その子の心理的状況や負荷**、③**その子を支える環境としての居場所の問題**である。

適応上の問題には、その子特有の認知や行動の歪みに由来する部分と、日常生活や社会生活の基本的なスキルが身についていないことからくる部分がある。現実生活での適応能力やスキルが乏しければ、当然生活はうまくいかず、不満を溜め込みやすくなる。朝起きられないということだけでも、生活は十分破綻の危機に瀕する。また、ささいなことでも傷つきやすいとか、

非行発現の三要素

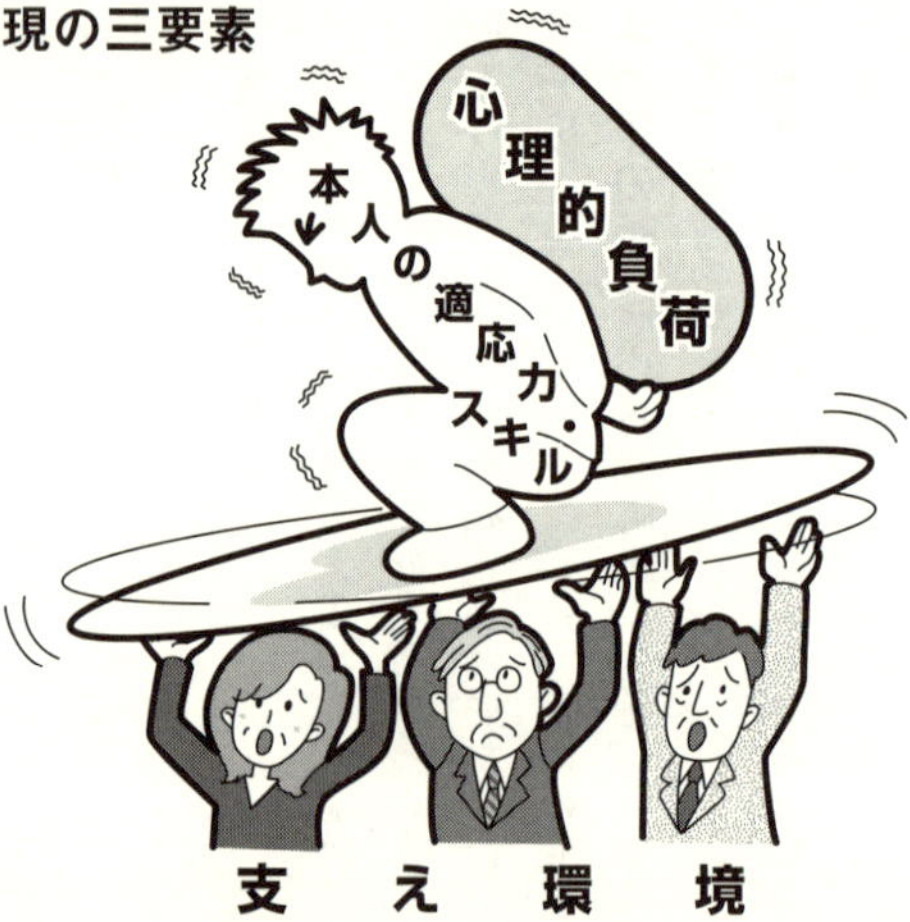

「どうせ無理だ」とネガティブに考えてしまう傾向も、生活が行き詰まる原因になる。非行少年たちは、こうした認知や行動のコントロールの問題を例外なく抱えている。

認知や行動のコントロールの問題にしろ、生活のスキルの問題にしろ、これまでの人生で与えられた養育や教育の結果が、プラス・マイナスどちらの影響もすべて集約・反映されている。

心理的な問題としては、過去において受けた心の傷とともに、現時点でその子が直面している課題にともなう心理的プレッシャーが当然重要である。

居場所は、家庭であれ、学校であれ、友人関係であれ、本人が安心して自分が認められていると感じられるところであり、関係である。

多くの非行では、これら三つの要素がすべて不利な方向に働いている。しかし、そのうちのどれかが少しでも改善されていれば大きな破綻を防げたのではないか、と思われるケースは少なくないのだ。

【ケース】ラスト・ストロー

英語の諺《ことわざ》に、「ザ・ラスト・ストロー・ブレイクス・ザ・キャメルズ・バック（最後の麦わら一本がラクダの背骨をへし折る）」というのがある。限界ぎりぎりまで重荷を背負っているものには、麦わら一本の余分な負担でも、一挙にポキッといってしまうきっかけとなるのだ。ラスト・ストローという言葉は言い得て妙なのだが、実際、最後のきっかけというのは案外些細なことが少なくない。ここで示す事例も、まさかそんな重大な結果になるとは、親はもちろん、おそらく本人も露思わずに、ラスト・ストローをのせてしまったケースである。

十七歳の少年は、進学校に通う頭脳優秀な高校生だった。ただ、夏休みに二つ年上の女性と知り合い、交際を始めてから、勉強に身が入らなくなっていた。二学期になってからも、夜出かけることが多くなっていた。学校の担任から遅刻や早退が増えていると親元に連絡があり、学業優秀な息子に期待していた両親は、その変わりように苛立ちを強める。交際相手の女性に対しても、年上でしかもフリーターをしていると聞いて、あまり快く思っていなかった。

親は何度か注意を繰り返し、恋愛は大学に行ってからにしろと忠告したのだが、本人は耳を貸そうとしない。そう言われれば言われるほど、本人の心の中では、どんどん親に対する反発がつのっていったのだ。彼女のことを親が見下したように言うことも、反発を強めた理由だった。これまでは親の期待どおりにしてきたが、もう親の言いなりになるのはごめんだ、自分のしたいようにして何が悪い、という思いになっていたのである。

ある夜、彼と父親は大げんかになった末、興奮した父親は、「交際を続けるのなら、出て行け」と言ってしまった。それがラスト・ストローになるとは思いもせずに。

しかし、息子は、もう昔の子どものままではなかった。

「ああ、出て行ってやる」とうそぶくなり、スポーツバッグに入るだけの荷物をまとめて、本当に出て行ってしまったのである。

親のほうは、息子の反応に戸惑いつつも、どうせ一晩か二晩泊まり歩いて、行くところがなくなったらもどってくるだろうくらいに考えていた。ところが、三日経っても、四日経っても、息子は一向にもどってこなかった。電話一本ないままに、半年近い月日が流れてしまったのである。

そして、ある日、電話が鳴った。電話は警察からだった。息子を保護しているというものだった。息子が無事だと知って喜びかけた両親は、警察官の言葉に耳を疑った。息子は、逮捕されて留置場にいるというのだ。家を飛び出してから、息子は食いつなぐために泥棒行脚をしていたのである。

最近の子どもは、本当に簡単に家出をしてしまう。家が居心地悪いと、外に安住の場所を求めてしまうのだ。しかし、家の外には危険がいっぱい待ち受けている。本人が望んでいなくても、なりゆきで犯罪や事件に巻き込まれることも少なくない。

もちろん、子どもの本心は、たとえ飛び出したとしても早くもどりたいのである。しかし、もどることは負けだとも思ってしまう。プライドが高く、自立心が強かったり、意地と意地がぶつかり合ったりすると、思いがけず家出が長引いてしまうこともある。

例にあげた少年も、たちまちお金が尽きて、一週間ほど公園などで寝泊まりをしたという。そのときは本当に惨めで、よほど家に帰ろうと思ったが、自分の意地が許さなかった。彼が選んだのは親の言いなりになるよりも、犯罪に手を染めることだった。親の価値観を押しつけられることは、彼にとってはもっと自分を失うことだったのだ。せっかくの自立心や主体性も、それが保護者にうまく受けとめられないと、あらぬ方向に逸脱してしまうのである。

最後の安全装置

初期非行の段階での対処において、特に鍵を握るのは、子どもにかかっている心理的負荷と居場所の問題である。本人自身に適応上の問題が多少あっても、本格的な非行に走るケースはごく一部である。心理的な負荷が高まりすぎたり、居場所のなさが重ならなければ、そこまで追い詰められずにすむのだ。その意味で、この二つは最後の安全装置だともいえる。

重大な非行がおきているケースでは、ほぼ例外なく、この二つの点で深刻な支障を抱えている。居場所のなさと過度の心理的負荷は、本来優しい子どもを犯罪者に変えてしまうほど、子どもにとって苛酷な状況をつくり出してしまうのだ。

ところが、非行が始まったとき、周囲の対応はややもすると一層不利な方向に加速させがちである。心理的圧力をさらに高めてしまい、居場所をなくさせ、どんどん子どもを追い詰めて、非行をエスカレートさせることも珍しくない。

子どもが以前と変わってきたな、なにかおかしいなと感じたとき、つぎのことをもう一度よく振り返ってほしい。子どもに余分な心理的プレッシャーをかける対応をしていないか、子どもの居場所を奪うような言い方や態度をとっていないか。

幼いころと同じように子どもを支配し、期待どおりに動かそうとすることは、そうした間違いを犯すことになりやすい。「言うことを聞かないのなら、出て行け」「帰ってくるな」「お母さんの子どもじゃない」という言い方で、思いどおりにならない子を見捨てると脅迫することは、親の愛情が親自身への愛であるといっているようなものである。ある年齢までは、それも通用するだろうが、思春期に入ると、子どもは親のさもしさを見透かし、またそんな親に失望し、本当に出て行ってもどってこなくなる。さらには、もっと激しい行動化で、逆に親を心理的にコントロールするようになる。それも元をたどれば、親がやってきたことに倣っているだけなのだ。そうならないためにも、支配したり操作するのではなく、日ごろから子ども自身の気持ちに目を向けることである。それが事態を好転させることにつながる。

大事なのは、結論を押しつけるのではなく、子ども自身に考えさせることである。むろん、一線を越える行動や危険に対しては断固とした姿勢で臨む必要があるが、最後に自分を守れるのは本人でしかない。本人が自分で悟り、納得しなければ、親がいくら守ってやろうとしても無駄である。ましてや親の一方的な期待や意地、世間体や見栄で、子どもを動かそうとしても、子どもはよけいそっぽを向いてしまう。

中立な第三者の関わりが有効なのは、この点においてである。第三者は、よけいな期待や見栄とは無関係なので、本人も心を開きやすい。初期非行の段階で、信頼できる第三者が関わることで、落ち着いていくケースは少なくない。親だけで抱え込もうとせずに、早い段階で第三者に相談したり援助を求めることも、致命的な事態を防ぐことにつながる。ただ、十分な経験と知識のもとに非行を扱える人材は、まだ乏しいのが現状である。数少ない専門家も、多すぎるケースを抱えて、一人一人に十分な時間と労力をかけられない。

したがって、専門家に任せておいたらいいというものではなく、やはり身近なところでの関わりが重要になる。親自身の対応や身近な第三者との関わりの中で、本人の居場所をつくっていくことが、大きな破綻を防ぐとともに、本人自らが自分を取り戻そうとする心のスペースを与えるのである。

第五章　社会が生み出す非行

個人的なレベルを超えた要因

前章では、自身の素因や親の養育、周囲の環境が、非行や反社会的行動の出現に及ぼす影響について考えた。また、非行が現実に始まり、進行していくうえで、適応上の支障や居場所のなさが誘因となっていることもみた。

しかし、近年、日本でおきている社会的な規模での少年事件の低年齢化と凶悪化という事態を、それらの個別的要因だけで説明することには限界がある。社会全体でみた場合、生得的な素因が十年やそこらの時間的スケールで大きく変動するとは考えられない。また、親の愛情や世話が、昔の親に比べて劣っているかどうかはさておき、養育の問題が社会的なレベルで発生しているとすると、そこには、個人的なレベルを超えた、社会的な要因も影を落としていると考えたほうが納得いく。つまり、ベースにある社会的要因が、個別的要因と連動した結果、生じている事態と考えて初めて理解できるのである。

実際、子どもたちにおきていることは、社会的な要因抜きには語れない。放射線被曝の影響が分裂の活発な細胞にもっともダメージを与えるように、社会の病根は成長途上の子どもたちをもっとも激しく痛めつけるのである。

前章で取り上げたように、攻撃的な行動パターンがみだりに学習されてしまう環境に子どもたちが放置されている状況は、その最たる例の一つである。

この章では、子どもたちの異常な行動を生み出す現代社会の特性を振り返りながら、その根底にある問題をさぐっていきたい。

1 忍耐なき社会の落とし子

大きな幼児たちを生む社会

非行少年の特徴を一言でいえば、大きな幼児であるということだ。本来は、幼稚園や小学校の時期に身につけるべき基本的なルールを守ったり、周囲の迷惑にならないように配慮したり、協調して行動したりという社会生活のマナーが、満足に身についていないのである。社会生活のルールどころか、日常的な生活習慣やマナーも身についていないことが大半だ。

たとえば、待つという、社会生活でもっとも基本的なことができない。順番を待つとか、じっと座っているとか、相手の話を聞くということができないのだ。目立ちたがりやで、衝動的で、感情のままに行動するというのは、まさしく幼児の特徴であり、幼児が大きくなって腕力がつき、悪知恵が働くようになった分だけ、手に負えないという状況でもある。要するに、我慢や忍耐力というものが育っていないのだ。

非行は適応不全の一面をもっていると述べたが、些細《ささい》な原因から大きな事件になってしまう一つの要因として、子どもたちの現実適応力が衰えていることがあげられる。そして、そのもっとも基本となる忍耐力が低下しているのである。それには、さまざまな理由、要因があろうが、大人や社会が育てるのを怠ったという面もある。意図して怠ったわけではない。子どものためにと思ってしたことが、結果的に、意図した方向とはまるであべこべの結果になってしまったのである。

非常に不幸な事情からそうなった場合もあれば、ある意味で幸福すぎてそうなっていることもある。そこには、子どもたちの適応力が育つのを妨げるような社会のシステムの変化も、大きく影響している。事情はどうであれ、結果的にみれば、社会常識もマナーも辛抱も根性もない、非常に危なっかしい若者たちが生み出されてしまったことに変わりはない。そのことについて、われわれは真剣に反省し考えなければならない。

日本の伝統的な精神文化では、忍耐することは美徳だった。そこから、抑制された精緻で繊細な文化が生み出された。しかし、それは昔語りになってしまった。いまや、忍耐など自己主張のできない愚かな人間がすることとみなす風潮さえある。忍耐を強いることは悪でしかない。忍耐よりも、快適さ、便利さを求めようとする。耐えるよりも、環境のほうを変えてしまおうとするのだ。

リモコンのスイッチ一つで環境を変えられる社会は、確かに快適で便利ではあるけれども、その代償として、忍耐する力を奪っていることを忘れてはならない。

快適で便利な世の中になればなるほど、忍耐を学ばせることに、より多くの注意と関心を払わなければならないと思う。子どもに便利で快適な環境を与えることは、子どもの生きる力を弱らせるという副作用をもつのである。

拡大浸透する薬物禍

一九八四年をピークにいったん減少傾向にあった覚醒剤の乱用が、ふたたび増勢に転じたのは、バブル経済が破綻した九〇年代初めである。さらに九五年以降、未成年者の乱用は急カーブを描いて跳ね上がり、最近では小学生にまで広がりをみせるなど、低年齢化と若者への浸透は深刻さを増している。マジック・マッシュルームやコカイン、マリファナ、エクスタシー（MDMA）などとの多剤乱用が多いのも、最近の特徴である。

医療少年院にも、薬物に関連した精神障害の少年が相当数いる。

有機溶剤（シンナーなど）も含めた薬物乱用の少年の特徴として、とても神経質で、心気的であることがあげられる。前章のケースでもみたように、シンナーや覚醒剤で自ら体や神経をボロボロにしてしまうような行為をしていながら、些細な痛みや体の症状にとても敏感なのだ。そして、少しでも楽をしようとする傾向も顕著である。

この一見矛盾する傾向は、実は根底では少しも矛盾しないのだ。その根底にある考え方や行動の基準は、苦を避け、快を求めるという、あまりにも単純な快楽原則なのである。だから、何の抵抗もなく、何の努力もなく快楽を得られる薬物に依存してしまうし、その一方で、些細な体の不調にも、神経質な訴えを繰り返すのである。どちらも欲望のコントロールが苦手で、我慢ができないという共通の弱点が根底にある。忍耐心の乏しい、欲望のコントロールの苦手な世代にとって、薬物の誘惑は、枯草に火を放つようなものである。

だが、問題は子どもたちだけのものではない。もっと問題なのは、枯草と知りながら火を放つ大人たちがいるということである。火を消し止め、子どもを守るどころか、火の点け方を教え、炎をばらまいている大人たちである。

大切に守られるはずの子どもが、薬物の奴隷になり、体を売り、犯罪に手を染めるという事態に、社会はあまりにも無防備である。子どもを本気で守ろうとするのならば、子どもを食い物にして平気な大人に、もっと厳しい姿勢で臨む必要があるように思える。

テクノ中毒かテクノ麻痺か

環境心理学者《エコサイコロジスト》のチェリス・グレンディニングは、薬物乱用をテクノ中毒《アディクション》として捉えた。いまさらいうまでもなく、現代社会の生活は、テクノロジーに大きく依存している。エアコンのスイッチ一つで室内温度や湿度を自在にコントロールし、携帯でどこにいても誰とでも瞬時にアクセスすることに慣れた子どもたちにとって、心や体の状態を人工的にコントロールすることにも、さして抵抗がない。それは、環境を自在に操作しようとする現代文明の基本原理に従ったまでのことだ。心という内部環境も、何ら例外ではない。

けれどもそうした状況は、グレンディニングが指摘するような危険性を日々増大させている。新し物好きの子どもたちは、テクノロジーが提供する利便性を無抵抗に受けいれるだけに、危険にもさらされやすい。テクノロジーが発達すればするほど、そのリスクに対してつねに用心する必要があるのだ。

しかし、現実は、テクノロジーの進歩に、周囲の警戒心や危険についての認識や教育が、まったく追いついていない。覚醒剤のような薬物乱用についていえるのは、子どもたちがその危険について恐ろしく無知だということだ。医療少年院の在院生に多い病名の一つはC型肝炎である。この大部分は、覚醒剤の回し打ちによって感染したものだ。内科のドクターの話によれば、十代のC型肝炎は、一般の病院では非常に珍しいのだそうだ。一例いても珍しいケースが、年に何十例も送られてくる。

そうした事態がおきる大きな原因は、覚醒剤の回し打ちをすれば、C型肝炎や下手をすればエイズ・ウイルスに感染する危険があることさえ、彼らはほとんど知らなかった、という現実である。医療少年院にきて、自分が危険に対してどんなに無頓着だったかを知って、そうと知っていたらと悲嘆に暮れる子も多いのである。問題は、テクノロジー中毒とともに、テクノロジー麻痺ということにもある。技術が発達すればするだけ、それがもたらす潜在的な危険について、早い段階から教えることが求められる。

薬物の後遺症は、一般に考えられている以上に恐ろしいものである。精神病に移行したり、薬物をやめてからも、フラッシュバック（薬物を使用していないのに、幻覚・焦燥感などが再燃する現象）に何年も苦しめられることになる。身も心もボロボロになり、命を絶ってしまう子も少なくないのだ。

悪魔のワナに子どもを奪われないためにも、不快なことにも耐え、自らを守る力と術を身につけさせる子育てや教育を講じていかねばならない。

2　遊びの変質とゲーム型犯罪

テクノロジーや商品化されたファンタジーへの依存が、子どもたちに重大な変化を及ぼしているもう一つの局面は、「遊び」である。いうまでもなく、「遊び」は子どもたちの成長にとって、またすべての人の精神的な健康や創造性の発展にとっても、非常に大切なものである。しかし、子どもたちの「遊び」は、わずか二十年前と比べても様変わりしてしまった。

このセクションでは、遊びの変質が子どもたちの心にもたらしている深刻な状況を、非行の質的な観点から眺めてみたいと思う。

それは、最近の若者の現実感の乏しい傾向や共感性の乏しさ、両極端に走りやすい傾向、過度に攻撃的になりやすい傾向とも深くからんでいるのである。

ゲーム化する性犯罪

第一章でも触れたが、最近、とみに強制わいせつなどの性犯罪が増えている。医療少年院でも、性犯罪の少年を扱う機会が年々多くなっている。

強制わいせつのケースは、対人関係が苦手で、同年代の友人や恋人がいない青年に多い。かつては、能力的に低く、ハンディのあるケースなどに多かったのだが、最近の明らかな傾向としては、知能が高く、元々優秀な子に目立って増えていることがあげられる。少年犯罪よりも、むしろ成人の犯罪でこの傾向は顕著で、教師や大学教授のような知的職業に就いている人がこうした犯罪に手を染め、逮捕されるニュースが頻繁に報道されている。

性犯罪、ことに強制わいせつ事犯の特徴は、その反復性である。初回で捕まったというケースもたまにあるが、ほとんどは何度も繰り返したあげく、発覚に至っている。

強制わいせつ行為を繰り返したある少年は、犯罪衝動を覚え、それを実行に移す心理過程をつぎのように話した。

「もやもやとした気分になって、今日はやるだろうなと自分で感じる。そういう気分になったら、必ずやることはわかっていた。他のことが頭になくなって、そのことだけを考える。ふらっと町に出て、やれそうな相手を探す。うまくいくかどうか不安になるが、その一方で、うまくやりこなしてみせるという変な自信があった。そのスリルが堪《たま》らなかった。思いどおりにやり遂げたときは、最高の快感だった」

少女を陵辱するゲームにのめり込んだあげく、幼女への強制わいせつ行為や強姦を繰り返していた別のケースでは、最初やったとき、ゲームのとき感じたほどの快感も興奮も味わえなかったことに失望したと言い、さまざまにシチュエーションややり方を変えて、試していた。そこにあるのは「ゲーマー」の視点であり、人間としてのぬくもりのある視点は抜け落ちていた。

強姦致傷で捕まった別の少年は、（レイプを）やってしまったときは、ラスボス（RPG［ロールプレイングゲーム］の最後に出てくる敵）を倒してしまったときのような達成感と虚しさを感じると、ゲームのときに味わうスリルと重ね合わせて語った。
そこでおこっているのは、単なる形容としてではなく、文字どおり生身の人間を相手に「ゲーム」をすることだったのである。それはもちろん、かつて「遊び型非行」と呼ばれたものとも本質を異にしている。非日常的な興奮が、ゲームの画面からそのまま現実に移行して、追い求められているのである。

【ケース】犯罪という名のゲーム

こうした犯罪や非行の「ゲーム化」は、なにも性犯罪に限ったことではない。第二章で触れた、凶悪な事件でも、しばしば「ゲーム」を遊ぶかのような心理がみられる。仮想世界で別人が行っている強迫的シナリオに支配されるかのように犯罪を犯すケースでは、かつての少年非行では考えられないような非現実感がつきまとう。また、最近の危惧《きぐ》すべき傾向として、かつての少年非行では考えられないような、知能犯や営利犯罪が増えていることが挙げられる。

車泥棒と覚醒剤の密売に関わった青年は、半年ほどの間に数千万円を荒稼ぎしていた。当時は、帯封をした百万円の札束がポケットに何本か無造作にねじこんであったという。その金を持ってアングラカジノに出向き、毎晩二、三百万の勝負をしていたのだ。
彼は、お大尽のどら息子でもなんでもない。ごく普通のサラリーマン家庭の子どもである。

彼女と家出したものの、ホテル代も尽きてきて、仕方なく彼女にひろわせた客を強請《ゆす》って食いつないでいた。そのうち、知り合った男から、偽造した免許証で携帯電話を契約しては売り飛ばすという手口を教わる。やがて、気がついたら、もっと実入りのいい高級車泥棒や覚醒剤の密売に足を踏み入れていた。面白いように金になるので、もう無我夢中だったという。

何の罪悪感も、悪いことをしているという感覚もなかった。いま思えば、別の世界にいたような感じだった。そう振り返る彼には、犯罪を犯すことにも、カジノで何百万もの金を一晩ですってしまうのと同じくらいの現実感しかなかったのである。それは、ゲームの中で、つぎつぎとポイントを獲得するときの快感と大差のないものに思える。

立ち直った彼は、どこからどう見ても、生真面目な好青年にしか見えなかった。そのことが、よけい現代の若者の心の構造の危うさを思わせた。

仮想現実失調と罪悪感のない破壊

まるでゲームのように犯罪に興じる子ども。こうした姿は、少なくとも十年前の少年にはあまりみられなかったものである。このタイプの少年たちに共通するのは、罪の意識の軽さであり、それと表裏一体の現実感の乏しさである。

仮想現実失調による現実的平衡感覚の崩壊は、もっと無惨な悲劇を生む。

コロラド州コロンバイン高校でおきた銃乱射事件では、犯人の二人の少年が重度のゲームマニアであったことから、ゲームの影響が問題となり、殺害された教師の遺族が、ゲームメーカーら二十五社を相手取り、総額五十億ドルの賠償を求める訴訟をおこした。被告の中には、日本のゲームメーカー三社も含まれていた。結局、事件は予見不可能だったとして請求は棄却されたが、今後は、もはや予見不可能ではすまされなくなるかもしれない。

アメリカで行われたある調査によれば、十代向けとされるゲーム三九六タイトルにおいて、一時間のプレイ当たり最大で一二九一回、平均で六一回、人間が死んだ（殺された）という。こうしたゲームをプレイすることが日常となった子どもたちが、恐ろしい犯罪行為をゲームの中の出来事のように「シナリオ化」し、何の罪悪感もなく、それを自ら演じてしまうという悪夢が現実となっているのである。

最近の研究では、暴力的シーンの多いゲームで遊ぶことだけでなく、ゲームで長時間遊ぶこと自体が、高い攻撃性や敵意、ケンカなどの暴力行為と関係があるとされる。そこには、遊びの変質による子どもたちの心の変容が深く関わっているように思える。

遊びのもう一つの要素

遊びについて、古今さまざまな考察がなされてきた。人間を「ホモ・ルーデンス（遊ぶヒト)」と呼んだのは、オランダの歴史学者ホイジンガである。彼が指摘したとおり、遊びは人間の営みのあらゆる領域に深く浸透し、ヒトのヒトたる重要なファクターとなっている。

フランスの思想家カイヨワは、『遊びと人間』という本の中で、遊びを四つのカテゴリーに分類した。アゴーン(競争)、アレア(運試し)、ミミクリー(模倣)、イリンクス(眩暈《めまい》)である。アゴーンやアレアについては、特に説明を要しないだろうが、ミミクリーは、たとえば、○○ごっこのようなものや劇のようなものが当てはまる。イリンクスには、ブランコ遊びや踊りから、メリーゴーランドやジェットコースターに乗ることもはいるだろう。

また、カイヨワは、遊びの本質として、自由な活動であること、通常の営みとは切り離されていること、ルールや時間・空間の一定の枠組みの中で行われること、不確定さや偶然性の要素をもつこと、地道な労働とは異なる非生産的な活動であることをあげた。

非拘束性、非日常性、不確定性という特徴は、遊びが労働や日常や定まったものからの脱出と解放であることを意味している。しかし、同時に、遊びにはルールや虚構性という枠組みがはめられることによって、現実の日常を脅《おびや》かすことがないような配慮もなされるわけだ。それによって、人は安全に、現実から離れた体験に熱中することができる。

しかし、遊びは、現実からの解放とは異なるもう一つの要素によっても動機づけられている。それは、アゴーンやアレアにおいて、よりはっきりと認められるものだ。つまり、勝利の追求や困難の克服である。遊びには、日常的な現実からの解放というモーメントとともに、勝利をめざすというもう一つのモーメントがあることがわかる。この遊びの一つの極を、カイヨワは、ルードゥス（勝利をめざす遊び）、そして、もう一つの極をパイディア（気晴らしの遊び）と呼んだ。

ところが、この整然とした理論には、どうも大きな欠陥があるようなのだ。先の有名な四つのカテゴリーにしろ、ルードゥスとパイディアという二つのモーメントにしろ、実際の子どもたちの遊びを見ていると、もっと大切な要素が抜け落ちていることに気づかされる。

たとえば、中学生の女の子が「遊ぶ」と言うとき、何を一番に意味するだろうか。ゲームで勝利をめざしマンガで気晴らしすることも多いだろうが、もっと大事なものがある。彼女たちの「遊び」において、もっとも重要な位置を占めるのは、他の子とコミュニケーションする遊びである。たわいもないことをおしゃべりして時間をすごすこともあれば、メールでたいした意味もない内容を、ひっきりなしに送り合っている子もいる。また、交換日記のような文化も、少女たちの間にしっかりと生き残っている。

この少女たちの「遊び」が、カイヨワの分類から外れてしまうことは明らかだ。カイヨワ風に名付ければ、こうした遊びのジャンルは、「コムーニカートゥス」（共にすること、伝えること）とでも呼べるだろう。

「コムーニカートゥス」という語は、英語のコミュニケーション（伝達）の語源となるラテン語で、伝達という意味も含むが、そうした狭い意味だけでなく、もっと広い意味で、共にすること、共に与《あずか》ることを表す。

コムーニカートゥス的な遊びは、今も昔も重要なジャンルである。たとえば、日本には、万葉の昔から、相聞歌という独特の文化があった。恋する相手に和歌を贈ると、和歌で返事が返ってくるという、まことに優雅で洒落《しゃれ》た習慣である。この遊び心を、カイヨワの分類に無理やり当てはめて、アゴーン（競争）だといったとしたら、それは無粋というものだろう。

実際、子どもたちに限らず、多くの遊びの中には、コムーニカートゥス的な要素が含まれている。ところが、コンピュータを相手にするゲームのように、この要素が置き去りにされ、あるいはメールのようにこの要素ばかりに偏るところに、現代の「遊び」の不幸があると言える。

遊びの変質と移行機能の喪失

遊びのコムーニカートゥス的な要素は、社会性を育む段階の子どもたちにとって、ことに大切なものである。子どもの間で生じる自然な遊びには、コムーニカートゥス的な要素が含まれているのが普通だ。だが、最近の子どもたちの遊びでは、大人がギャンブルやアルコールに耽《ふけ》るように、ルードゥス（勝利の追求）的な要素やパイディア（気晴らし）的な要素が純粋に追求されがちなのだ。それはもう、大人の遊びである。

ホイジンガもカイヨワも、遊びを大人の視点で眺めたことに面白さがあったのだが、本来、遊びは子どもの領域に属するものだ。本来子どものものである遊びが、大人の視点で語られた点に、現代というものの倒錯が予兆されていたともいえる。実際、遊びは子どものものより、大人のものになりつつあるのだ。

それに対して、子どもの観点で遊びについての考察を深めたのが、児童精神科医のウィニコットである。

ウィニコットは、「遊び」が、個人と他者や外界との中間領域でおこることに注目し、「遊び」が子どもの成長や治療において果たす役割を強調した。彼は、ぬいぐるみのように、母親と外界の対象を橋渡しする役割をもったものを「移行対象」と呼び、成長段階で移行対象が果たす役割を重要視したが、同じような機能は「遊び」全般にも認められる。

こうした「遊び」の移行機能は、まず、個人と社会や外なる現実を結ぶ中間の領域であることによって、また、安全を保障された自由な試行錯誤の場であることによって、さらに、現実世界と想像世界が結び合う領域に生起することによって、子どもの注意や関心を緩やかに世界や他者へと誘い、豊かな辺縁をもつ共感世界を育て、社会や現実への出発の準備をする。

子どもがぬいぐるみと交わす一人語りにしろ、思春期の子どもがメールや文通に熱中するにしろ、ルードゥス的なものでもパイディア的なものでもない別の本質をもっているのである。それは、世界へと開かれ、自分でない存在とつながり、体験や思いを共有することの醍醐味だといえる。

ところが、現代の子どもたちの遊びにおきているのは、本来含まれるこの第三の要素、つまり自分と他者を結ぶ架け橋となる部分が、急速に失われているということである。あるいは、それぞれの要素がバラバラに追求されてしまっているのだ。その結果、遊びが本来果たす移行機能がうまく働かなくなっている。移行機能が失われることとは、遊びが、遊びのための遊びでしかなくなることを意味する。子どもが大人と同じ遊びしか遊べなくなるとしたら、それは寂しいことである。

病める遊び

遊びの変質について、もう少しみていきたい。先に述べた遊びが志向する三つの要素、ルードゥス（勝利の追求）、パイディア（気晴らし）、コムーニカートゥス（共にすること）は、混ざり合いながら現実の「遊び」を「遊び」たらしめている。「遊び」が、健全な「遊び」ではなく、病的な「遊び」に陥るのは、その配合が偏ることによってである。

「病的賭博」という病気がある。最近、一般でも耳にすることが増えてきたが、パチンコ依存やネットカジノがやめられない人も、この「疾患」の可能性がある。これを病気と呼ばねばならないことは、現代社会の悲しい病理を象徴している。「病的賭博」の人が賭け事で「遊ぶ」のは、単なる気晴らしや、他者と共感的体験をするためではない。最初は、癒しや解放の場として機能していたかもしれないが、病的な傾向を帯びるにつれ、リフレッシュするための娯楽の域を明らかに外れだす。健康を害し、家計を破綻させ、家庭の崩壊さえ引き起こしても、なお止められないのだ。大当たりをとるという肥大した万能感的願望、つまり「ルードゥス」的要素だけが、他のすべてをないがしろにして追求され続ける。

「ルードゥス」的遊びは、自分の意志と外界の制約とのせめぎ合いの体験でもあるが、両者が危ういところで均衡しているほど、その体験はわくわくするものとなる。ゲーム化された遊びというのは、両者の戦いがフィフティー・フィフティーに近い条件で展開できるように、外的条件をアレンジしたものである。それによって、最小限の努力でつねにわくわくした興奮が得られるのだ。それゆえ、ゲーム化された遊びには、「病的賭博」状態に陥る危険がつねにひそんでいる。実際、ビデオゲーム（テレビゲームなど、映像をもちいたゲームの国際的な呼称）に過度に耽《ふけ》ることと、病的賭博には類似性があることが指摘されている。

現実の遊びは外的な制約や条件の違いが大きく、それを楽しむためには相応の訓練や努力、忍耐や苦痛を必要とする。それに比して、ゲーム化された遊びは、初心者でもその日から十分に楽しめる。高度にゲーム化された遊びほど、ほとんど努力なしに、大きなスリルと興奮を味わえる。その結果、遊びが万能感的欲求と現実的制約の釣り合いをとる方向に寄与するのではなく、スーパーマン的願望が、大した努力も要さずに、そのまま満たされてしまうことになる。

ゲーム化された遊びのもう一つの問題点は、遊びに本来豊かに備わっているコムーニカートゥス的な要素や共感的な裾野を、削ぎ落としてしまっていることだ。そうしたことを、まさに身につけなければならない世代が、殺伐とした無機質な遊びに親しみすぎることの弊害は、極めて深刻といわねばならない。こうした遊びしか知らずに育った世代にとっては、犯罪も、他者の痛みと無関係に、ゲームのように遊ぶものとなりかねないからである。

最近、脳のレベルでも、遊びに含まれるコムーニカートゥス的な要素の有無によって、脳の使われる部位に重要な違いが生じることを示唆するデータが出てきている。ロンドン大学の研究チームが行った実験では、同じジャンケン・ゲームを行っても、相手がコンピュータだと思っているか、人だと思っているかによって、脳の使われる部位が異なっていた。相手が人だと思っているときだけ、前傍帯状皮質と呼ばれる領域の活動が高まっていたのである。この領域は、相手の心を推測することに関与しているとされる部位である。

この結果は、コンピュータ化されたゲームと人間を相手に行う遊びとでは、脳にとって質的に異なる体験となることを示している。そうした体験の差が長期間にわたれば、発達に影響を及ぼす可能性も否定できないだろう。

　また、ゲーム化された遊びの重要な問題点は、その麻薬的な依存性である。どれほどの人間が、この魔力に取り憑《と》かれて身を滅ぼしてきたかは、いまさらいうまでもない。古くからその危険が知られていたがゆえに、ゲーム化された遊びは、元来、特別の場所と時においてのみ許されていた。いまでも、競馬にしろカジノにしろ、大きな制約が設けられている。また、スゴロク遊びのようなものさえ、元来は、お正月のようなハレのときにだけ行われる特別な行事だったのである。

　近年、ビデオゲームにも、薬物やギャンブルと同じように依存を生じることが指摘され、その危険は、遊び始める年齢が低いほど高まるとされる。実際、施設に送られ、ゲームをできない環境におかれて、ゲームの映像の幻覚や激しい焦燥感、不眠といった「禁断症状」が疑われたケースもある。ゲームが麻薬性薬物と同じように、精神的のみならず身体的な依存を生じさせている危険さえあるといえる。

　依存や耽溺がおきるとき、脳のレベルで広く共通してみられることは、前頭前野の機能が低下していくことである。コカインやマリファナ、覚醒剤などの慢性使用は、前頭前野機能の低下をおこし、一層理性的判断を失わせ、危険に対して無頓着になっていく。病的賭博の人では、やはり前頭前野機能の低下が認められる。それが、「魂の抜け殻」になるということの生理学的な意味でもある。

　また、ゲームで長時間遊ぶことは、社会的にひきこもる傾向や低い自己評価、不眠などとも関係しているとされる。これらの問題がさらに現実から回避させる原因となり、現実的な体験を一層貧しくさせているように思う。

　そうした危険を忘れて、子どもが朝も晩も自分の部屋で、麻薬的なゲームに耽ることに、社会が何の歯止めもかけられないというのは驚くべきことだ。少なくとも、本当に子どもを大切にしている社会とはいえない。アメリカなどでは、業界による自主規制にとどまらず、法律による規制が検討されている。ゲーム大国の日本はなおのこと、後手に回らない積極的な対応が求められるだろう。


「病的賭博」が一つの病的「遊び」の極だとすれば、別の極には、「遊園地」的な「遊び」がある。これは、パイディア的要素だけが安易に追求された、人工的な遊びの形態だといえる。しかし、そこでも、遊び本来の移行機能は削り落とされている。そこは、あたかも自由な空間のように装っていて、実はとても固定化した不自由な空間だ。「遊園地」的な遊びは、大人が子どもに与える「お仕着せの遊び」の究極の形なのである。

　大人が子どもに提供する「遊び」は、だいたいそういう性格を帯びる。遊びが本来の機能を発揮するためには、自由と自発性が大切だが、お仕着せ的な遊びでは、その点が損なわれてしまう。たとえば、アウトドアの好きな親に、休みのたびに山や谷に連れ出された子どもは、親の意図とは裏腹に、アウトドアに辟易《へきえき》している場合もある。親が遊んでいるだけで、子どもにとっては本当の遊びになっていないのである。

第三のコムーニカートゥス的な遊びについても、例外ではない。それだけに偏ることは、病的な状態を生み出す。携帯依存やメール中毒は、その最たるものだ。毎日、何百通ものメールをやりとりしないと落ち着かない中学生は少なくない。本来遊びの一要素にすぎない部分が強迫的に追求されてしまうのは、もっと自然な遊びの中で、そうした欲求が満たされなくなっていることの表れでもある。恋愛やセックスという「遊び」に過度にのめり込んでしまうのも、コムーニカートゥス的な欲求が常に飢餓状態におかれていることの裏返しのように思える。

「遊び」という中間領域で人間として育つことなく、体と欲望だけが肥大し、そのコントロールに失敗しているという状況は、子どもだけでなく、大人にさえみられる。万能感を現実的なものに適合させていくという遊びのもつ移行機能の喪失が、危うい暴走につながっているのである。「遊び」が本来の「遊び」の機能を取り戻すことが、社会の健全化には不可欠に思える。

大人になる過程としての非行

成長という観点でみると、子どもの非行はこの移行機能を担っている部分がある。大人になる入り口で、程度の差はあれ、子どもは「悪いこと」を覚えたり、親に反発する。無邪気な善にいったん別れを告げ、邪悪な心や淫《みだ》らな心にも目覚めるのだ。自分自身の欲望に目覚めることは、他人の欲望に気づくことでもある。それらの過程は、大人になるために必要な過程であると同時に、不信と怒りにとらわれやすい、危うい時期でもある。しかし、その段階を克服しなければ、一人前の大人になれない。

その過程を触媒するのが、同世代の友達との「遊び」である。そこで、ほどよく「悪いこと」を経験できたものは、自分の新しい事態に対するコントロールを手に入れて、大人へと軟着陸を遂げるのである。

それが、他人を巻き込んだ悲惨な事件になってしまったり、親子が殺し合う事態に至ってしまうのは、この移行がスムーズにいかなくなっていることも背景にあると思われる。「遊び」や「遊び友達」が本来果たす触媒的機能がうまく働いていないのである。

たとえば、強制わいせつ事件で捕まる少年に共通することは、性的にむしろ晩生《おくて》であるということだ。これほど性知識が氾濫している世の中であるにもかかわらず、高校生の男の子が、マスターベーションの仕方を知らなかったりする。その理由としては、親がそうしたことに過敏だったり、過度に潔癖で子どもに年齢相応のプライバシーを与えなかったりしている場合がある。

安全に処理できない性的欲求が、危険な形で暴発してしまっている一面もあるわけだ。そうしたことは、普通、遊び友達から学ぶ。彼には、そうした秘めやかな話をする友人さえいなかったのだ。

突発的に暴力的な犯罪を犯す子どもは、ひ弱でおとなしく、運動も苦手な子が多い。同年代の子と一度もけんかをしたことのない子が、刃物で他人を傷つけるのだ。まさに加減を知らないがゆえの悲劇が起きてしまうわけである。

人間にとって攻撃性は、ある部分必要なものだ。しかし、それを適切に使用できるためには、それなりの訓練がいる。ただ攻撃性の使用を抑制したからといって、攻撃性の暴発が抑えられるわけでないことは、こうしたケースがよく示している。むしろ問題の所在は、遊びや生活の中で、攻撃性をコントロールする力をつける機会が不足している点にある。この健全な移行機能を担うのが、遊びであり、遊び友達なのである。

ところが、ゲーム化された遊びでは、引き起こされる結果のフィードバックは、攻撃性をコントロールする能力を高めることにはつながりにくいのだ。

けんかをして友達を殴れば、拳も痛むし、殴り返されるかもしれない。最初は怒りに満ちていても、やがて殴ったことを後悔したり、傷つけたことを悲しんだりする気持ちもきざすかもしれない。

しかし、ゲームでいくらモンスターを撃ち殺し、倒しても、そこに生じるのはスリルとカタルシスだけであって、痛みも悲しみも後悔も生じることはない。攻撃性をコントロールするためのネガティブ・フィードバックは一切かからずに、敵を倒す快感というポジティブ・フィードバックばかりが、攻撃性の使用を歯止めなく強化する結果になる。

こうした「訓練」を、現実感覚の未熟な子どもが長時間、毎日のように行うとしたら、その結果は恐るべきものとならざるをえない。

3　自己愛世代と恐るべき子どもたち

非行の社会的な要因として取り上げた、忍耐よりも快適さを安易に追求する風潮であれ、遊びの変質であれ、その背景には、万能感的欲求を際限なく満たすことを是とする、現代社会の特性が如実に認められる。こうした特性は、さらに根底にある問題、つまり、この社会の「自己愛性」と深くからんでいる。そして、社会の「自己愛性」は、非行の最大の促進要因である、養育や家庭の問題を引き起こす背景要因ともなっているのである。

このセクションでは、現代社会が示す「自己愛性」という特性が、「恐るべき子どもたち」を生み出すダイナミズムについて考えてみたい。

自己愛世代の危うい側面

現代は「自己愛の時代」だといわれる。今日の社会が、自己愛性という顕著な特徴をもつことは、改めて指摘するまでもないだろう。そうした社会の特性は、子どもの躾《しつけ》や教育にも、明らかな質的変化をもたらしている。

ごく常識的な礼儀やルールも教えられていない子どもが顕著に増えているが、それは、親や大人自身がそうしたことをあまり重要視しなくなり、さほど熱心に教えなくなった結果でもある。そこには、人々の心に浸透している価値観の変化がありありと反映されている。

自己愛世代の価値観では、自分が何よりも重要であり、自分の可能性を最大限に追求することに価値をおく。自分に正直に生きることこそが善なのである。たった一つの特別な存在である自分にふさわしい、特別な幸せを追い求めようとする。そうした自己実現の試みに比べると、社会的義務や責任は、面倒な厄介事にすぎない。利益にもならないことは、できればしたくないというのが本音なのである。

自己愛世代は、成功をめざして競い合い、自己主張に励む競争社会が生み出した世代でもある。そこでは、協調や共存よりも競争と個性の原理が重要視される。自分の利益や都合のためには、他人や外界を犠牲にし、ないがしろにしても無頓着な非共感的な一面と、自分という存在の唯一無二性に強く陶酔し、自分と同一視した存在には過度に共感し、過剰な感情移入をする面を併せもっている。冷酷と感傷が同居する世代なのである。

子育てに過剰に熱中する一方で、思いどおりにならない子どもを殺してしまうようなバランスの悪さも、自己愛世代の特性が極端になったものといえる。思いどおりに支配し愛することができるペットがもてはやされ、人間以上の扱いを受けるのは、その裏返しの現象といえるだろう。

親世代に浸透したこうした価値観は、当然、子育てや教育にも反映されてきた。自己実現や個性に重きをおく風潮の中で、社会的責任や他者との協調は、おざなりにされがちだ。本来は、社会的な責任や協調のうえになされてこそ、自己実現も個性も価値があるはずなのだが、現実はその前提を忘れがちである。子どもの能力を開発したり、才能を伸ばすことには熱心でも、子どもが他人に迷惑をかけたり、無責任な振る舞いをしたりすることには、寛容だったり黙認したりする。

自己愛性がもつもう一つの危うさは、自己の要求が満たされないときにおこる自己愛的な怒りと、それにともなって生じやすい破壊衝動である。破壊は、自己愛的な万能感を満たす最後の、そして究極の行為なのである。自己愛的な精神構造を抱えた世代の誰にも、その危うさはつきまとう。社会化が中途半端な子どもにおいては、そうした傾向はより顕著で、危険な形で現れやすい。

自己本位な価値観の隆盛は、非行にとって格好の培地なのであり、その浸透は少年非行のエスカレートにも直結する現象なのである。

自己愛世代が自己愛障害世代を生む

少年事件の凶悪な他害性に目を奪われる一方、あまり知られていないこんな事実がある。殺人などの凶悪犯罪を犯した少年に、事件をおこす以前、自殺企図や希死念慮（死を願う気持ち）が高率に認められていたという事実である。彼らの破壊性は、深刻な自己否定としばしば不可分なものである。非行や犯罪は、こうした自己否定に対する「躁的防衛（抑うつ・罪悪感・喪失体験から自分を守るために、悲しみを否認し強がること）」の側面があるのだ。

子どもたちがヒーローを気取ったり、世間の注目を集めるような犯罪に走ったり、現実を無視した誇大な万能感や傲慢さにとらわれる背景には、それとは正反対の現実がある。ヒーロー願望や思い上がった考えに支配されるのは、親や周囲から十分な関心や評価が得られなかったからなのだ。うわべでは親を拒否したり、復讐を宣言したり、無関心を装ったりする場合も、覆いがとれると、どの非行少年も本当は親に認めてもらいたかったという気持ちを吐露するのである。

親の自己愛性は、二重の仕方で子どもを傷つけてしまう。一つは、親もまた親である以前に一人の男や女、あるいは一人の人間として自分の関心事にかまけることによってであり、もう一つは、子どもを親の自己愛の対象物にすることによってである。前者の場合には「見捨てられ」が生じ、後者の場合には広い意味での「虐待《アビュース》」が生じる。

ことに、人と人とのつながりが希薄となり、母子（親子）というユニットばかりが強まる今日の社会では、密着や融合が生じやすく、子どもは親の自己愛的な支配を濃厚に受けざるをえない。親の自己愛は、子どもさえも自分たちの自己愛の奉仕者にしてしまい、結果的に、子どもに自己愛の障害を引き起こしてしまうのである。

自己愛を障害された者は、自分を大切にできず、傷つきやすく、自信がもてず、それをさまざまな強がりや依存によってごまかさないと自分を支えられない。突っ張っている非行少年も、リストカットを繰り返す少女も、薬物に溺れる青年も、根底には自己愛の障害を抱えている。

自己愛を中心に回る社会においては、親と子の関係さえ、互いの自己愛を満たし合うものでなければ破綻する。親の自己愛を満たし損ねた子どもは見捨てられ、いらないものにされかねないのである。

自己愛世代は、自己愛の満足を追求しながら、そうすることに失敗する。なぜなら、自己愛的な満足の追求は、周囲の犠牲のうえに成り立つ性質をもつからだ。競争に勝利するにしろ、思いどおりに子どもを育てるにしろ、そのしわ寄せを受けるものを生み出す。主役であることに価値をおく自己愛世代は、皮肉にも子どもからさえ主役の座を奪ってしまうのである。こうした状況が、自分を大切にできない子どもを生み出す背景にある。

かつて親の愛というのは、個人的なレベルの愛情にとどまるものではなく、神が授けてくれた子を育てる聖なる役割をも意味した。子どもを神からの授かり物とみなすがゆえに、どんな子であろうと、個人の欲望や都合を超えて、子どもをいつくしむことに強い裏づけが与えられたのだ。また、親は子にとって、単なる欲望をもった一人の人間ではなかった。親は、自分に存在を与えてくれた聖なる媒介者でもあったのだ。それゆえ、少々自分の顔が不細工であろうと、親からいただいた大切な体だからと、粗末にすることを戒める考えも成り立ったのである。

ところが、聖なるものが失われた今日、人間のエゴイスティックな欲望と意志だけが、この世には渦巻くことになってしまった。自分の期待したとおりの子どもだと猫かわいがりするが、望んでいた女の子ではなく、男の子が生まれれば、意に反するものを可愛がりたいとは思わなかったりもするわけだ。ありのままのではなく、自分が望んだとおりの子どもを、自分が望んだがゆえに愛する。それは、実は子どもを愛しているというよりも、自分自身の欲望を愛しているにすぎないのである。

親がそうならば、子どものほうも、自分を傷つけようが死んでしまおうが、自分の勝手だという理屈になる。現代の子どもは、親のさもしい自己愛を見透かしてしまっているのである。

「いま」を生きる「実存」世代の病理

戦後、一大ムーブメントを形成した実存主義哲学は、聖なる価値が失われた状況において、いま、ここに生きる自分こそが決定権をもった存在であることを説き、支持を得た。実存主義哲学は、永遠ではなくこの瞬間の「いま」に、絶対者ではなくこの「私」に、価値と主体性を求めたのである。

こうした考えは、いまや特別な哲学ではなく、ほとんどの市民の常識になっている。多くの人々は、実存主義的な価値観をそれと知らずに身につけ、それに従って行動している。それは、たとえば、「いま」という瞬間を完全燃焼することへの礼賛であり、自分に正直に生きることへの肯定であり、絶えず新しい自分を見つけ出し、つくり出そうとする決断や行動に、価値を認める考え方である。

「いまを生きる」「一度しかない人生」「この瞬間に輝きたい」「自分らしく生きる」といった、ごく身近になったスローガンや信条には、実存主義的な考え方が色濃く反映されている。

その背景には、神や国家といった、それまで絶対的な権威をもっていた存在が絶対性を失い、揺るぎない行動の規範や価値がなくなったという状況がある。特に、日本では、敗戦によって、戦前の価値観の崩壊を目の当たりに体験し、そうした価値の喪失という空虚感が、実存主義的価値観を受けいれる格好の土壌をつくったといえる。

ところがである。実存主義的価値観や行動様式は、まさに非行少年たちが徹底して追求している価値観や行動様式でもあるのだ。非行少年たちは、心の中に深い空虚感を抱えるがゆえに、その瞬間瞬間で輝こうとする。それが既成の価値観や枠組みに抵触しようがぶつかろうが、意に介さない。彼らは、それが自分らしい生き方だと感じ、素直に自分を燃焼していると思っている。燃焼するといえば響きがいいが、その火が無関係な他人にまで害を及ぼそうと、そのことは眼中にないのだ。

実存主義文学の傑作とされるアルベール・カミュの『異邦人』が、虚無的な青年の「不条理な」犯罪をテーマとしたことは、その意味でも象徴的だ。「きょう、ママンが死んだ」という有名な書き出しで始まるこの小説は、道徳も信仰もない、虚無感に浸された文体で語られていく。主人公の青年ムルソーは、母親の葬式の翌日、恋人とベッドを共にし、つまらない成り行きから、太陽の照りつける浜辺でアラビア人を射殺する。犯行の理由を訊かれたムルソーは、「太陽のせいだ」と答える。『異邦人』の中でテーマとなっているのが、罪や贖罪《しょくざい》でないことはいうまでもない。そこでは、虚無を抱えた人間の、破滅的な自己存在証明が、一つの悲劇的で英雄的な行為として語られるのだ。殺された被害者のことは、彼の行為の重要性に比べたら、歯牙にもかけられない。

この青年ムルソーの虚無感や理由のない犯罪は、現代の非行少年に深く通じる。そこで価値とされるのは、「いま」この瞬間の「自分」なのだ。青年ムルソーの「不条理な」殺人に心酔した親世代になりかわって、現代の荒ぶる若者たちは、それを実践しているともいえる。

そして、これは青年ムルソーや暴走した非行少年の話に決してとどまらない。現代人の多くが、こうした実存主義的な価値観を当然として生きている。現代人は、心に空虚を抱えつつ、「いま」を燃焼することで「自分」であろうとする。そこにおいて、他者は脇役か、ときには切られ役にすぎないのである。

前著『人格障害の時代』で論じたとおり、こうした状況で、いかに社会の価値観を立て直していくかは、この社会に迫られた緊要の課題である。そして、その答えは、いまわれわれが直面している問題に取り組む中にこそ、あるように思う。

第六章　壊れた心は取り戻せるのか？

1　本当に心がないのか

心と未来を取り戻すために

大人も息を呑むような犯罪を犯し、反省の素振りさえない——。

そんな子どもの姿に、専門家さえ「冷情性」という言葉を使うこともある。人間としての感情がないというのだ。温かい感情がなく、冷血だからあんな残酷なことをして、反省もしないのだという理屈だ。

こうした子どもには、本当に人間としての心がないのだろうか。「冷情性」とか「情性欠如」というグロテスクな言葉でしか表現できない、回復不能のモンスターなのだろうか。心というものはぬくもりを失ってしまったら、取り戻すことはできないのだろうか。

そうした犯罪を犯した子どもに実際に会ってみると、「冷血」とは正反対の、気弱で過敏な子どもであることが多い。

どうして、この子に、あんな残酷なことができたのか。そんな疑問をもって、子どもの気持ちに向かい合っていくと、必ず浮かび上がってくるのは、その子自身が、気持ちを汲み取ってもらえず、大きくなってきたという状況である。大人の身勝手や社会の醜さによって、傷つけられ、壊されてきた道のりである。

もちろん、だからといって、犯罪を犯した子どもが大目に見られてよいわけではない。逆である。社会や大人によって壊されたものは、社会や大人の責任で、育て直す必要がある。自らの過ちを悟り、心ある人間として生きていけるように回復させねばならない。それは、単に罰する以上に過酷な試練であり、罰すること以上の厳しさも求められるのである。

その過程で、子ども自身が犯した罪に向かい合うことも当然必要になってくる。しかし、すぐにそれが成し遂げられるわけではない。それができるには、まず人が人となるために必要なものを、もう一度身につけ直さなければならない。なぜなら、多くの子どもは、ずっと基本的な部分で躓《つまず》いていて、その結果、犯罪にも至っているからである。被害者をともなうケースでは、一層そのことは当てはまる。人間としての心を回復させ、育てなければ、被害者の痛みなどわかりようもないし、本当の意味で事件を悔い、反省し、償い、同じ過ちを犯さないようにしっかりと生きていくこともできないのである。

冒頭に述べたように、こうした子どもたちの立ち直りの過程は、未来を取り戻す過程でもある。そして、未来を取り戻すためには、過去に向かい合うことが必要なのである。

入院してきた当初、未来を失ったかのような子どもたちも、日々の日課をこなし、過去を振り返り、途切れた人生をつなぎ合わせる作業が進むにしたがい、顔つきが違ってくる。一日一日だけのことを考えるのがやっとだった彼らの中で、少しずつ時が動き出す。これまでのことを整理し、償いをしたい、そのために必要な備えをしようと自ら考え始めるのだ。

重い罪を犯したケースも、長い過程を経て、自分の罪に向かい合えるところまで成長を遂げたとき、その子の中には未来時制が蘇ってくる。逆に罪に向かい合うことや償いの問題を回避している子は、未来も曖昧《あいまい》で、投げやりであり、心の底では、自分には生きる資格がないので、何をしても無駄だと思っている。つまり、罪を受けとめ、罪に向かい合い、きちんと謝罪をすることは、罪を償うためにはむろんのこと、罪を犯した子どもたちが、もう一度前向きに生きていくためにも必要なのである。

本当の希望と偽りの希望

だが、やってきた時点で、非を悟り、これまでの生活を改めて人生をやり直そうと決意しているものはごく少数である。大部分の子どもは、立ち直ろうという意志も目的もなしに、ただ強制的に連れてこられただけである。まだ自分自身や自分の罪に向かい合えず、強がることでしか自分を守れない段階の子どもは、自分のおこした事件や騒ぎを、手柄のように考えていることもある。

暴走族の少年は、何台ものパトカーに追い回されて、さんざん逃げ回ったあげく、ついに追い詰められたときの状況を、まるでアクション映画の主人公にでもなったように、いきいきと物語る。事件後、ほとんど表情もなくすごしている子も、事件のことを語るときは、どこか誇らしげな輝きを浮かべる。

ウィニコットは彼一流の逆説的な言い方でこう述べている。

「反社会的性向は、簡潔に述べると、不幸で希望がなくそして悪気のないはずの母性愛剝奪をこうむった子どものなかにあらわれる将来への希望をあらわしている。したがって、子どものなかに反社会的性向の兆しがあらわれるということは、その子どものなかにある種の将来への希望が生じてきたということを意味するのである。これはひとつの裂け目を埋める道があるかも知れないという希望なのである。この裂け目というのは、環境からの供給の連続が中断されたことによって生じるものだが、これは相対的依存の時期に体験されたものである」(『情緒発達の精神分析理論』)

子どもたちは、偽りの希望を抱くことで自分を守っている。それは、自分を特別視し、他者をないがしろにした傲岸な考えだが、そうすることが生き延びる唯一の「希望」と思えるような状況に、彼らはおかれていたのである。

ウィニコットは、それを強制的な教育によって修正することも可能だろうが、「不良行為のなかに閉じ込められてしまっているのが希望であり、絶望が服従や偽りの社会化と結びついたものである、ということは子ども自身よく知っている」と述べて、非行少年の反社会性を「強力な抑制的手段」で教化することは、子どもたちのもつ「内側から成長していく」可能性を、かえって踏みにじってしまうと危惧《きぐ》している。

非行少年の「希望」が、他の人の「悲しみ」となる悲劇が頻発する今日、それをとうてい見過ごしにできない状況にあるわけだが、非行少年の「希望」を偽りの希望だからと無理やり捨てさせようとしても、表面的な変化がせいぜいで、根本的な改善にはつながらないのである。本人が、それは偽りの「希望」だと気づいて、自分の決断と意志によって捨て去らない限りは、本当の変化も成長もおこらない。ましてや、「心を失った」難しいケースでは、なおさらである。

子どもに、お前は間違っていると否定し、非を責め立てたところで、まず逆効果しか得られない。うわべでは服従を示したとしても、心の奥底には正反対な思いがますます膨らむことになる。それを無理やり変えようとしても、いままで大人たちが彼に加えてきた過ちを繰り返すだけである。咎《とが》められれば咎められるほど、子どもはそれを攻撃と受けとめ、心の鎧《よろい》を固め、意固地になって「偽りの希望」にしがみつくことになる。自分こそが「被害者」だという気持ちを強め、傲慢さと自己正当化を捨て去ろうとはしない。無理強いや押しつけでは、本当の変化や成長はとうていおきないのである。

第三章の依存型の非行でもみたように、「服従や偽りの社会化」にこそ、問題が秘められているケースも多い。それを施設の中で繰り返したところで、自分を偽り続けるという点では何も変わっていない。見せかけの服従を得たところで、いままで、子どもたちが身に受けてきた誤った扱いを、ただ反復強化するだけである。それは、本当の変化を引き出すこととは正反対のことである。主体性ある成長こそが必要なのである。

非行は子どもたちの「反抗」として捉えられることが一般的だが、実際には健全な「反抗」ができないことが、大きな事件につながっていることも多い。良い子の事件の大部分には、このことが当てはまる。

では、主体性をもった変化がおこるためには、何が必要なのだろうか。

そうした過程には、おおむね共通したプロセスがあり、それぞれの段階に成し遂げるべき課題がある。次のセクションでは、そのプロセスをたどりながら、子どもたちの心に秘められていた思いに触れていきたいと思う。

2　つながりの回復と語られる思い

心の手当てと行動の手当て

すでにみてきたように、非行にはさまざまな要因が関与している。しかし、現実の立ち直りを考える場合、動かしやすい要因から改善をはかっていくことになる。

非行は適応不全であると述べた。つまり、非行から立ち直らせるとは、子どもを社会に再適応させていくことである。そういう観点でみると、適応に関わるものとしてあげた三つの要素が、手当てにおいても当てはまる。つまり、①**行動や生活の問題**、②**心理面の問題**、③**支え環境の問題**である。

①には、基本的な生活習慣の乱れ、認知（物事の受けとめ方や理解）の歪みや傷つきやすさ、感情や行動のコントロールの乏しさ、対人関係のスキルの拙さ、常識や善悪観念の未発達、基礎的学力や就労能力の不足、根気や粘りのなさなど、幅広い課題を含む。生活の中で、これらの問題点を拾い上げ、一つ一つ改善していくことになる。

②の心理面の問題には、過去に受けた傷にからんだ部分と、現時点での心理的負荷がもたらしている部分がある。被害者を出したケースでは、犯した罪に対する罪悪感と、罪に向かい合

うことから逃れようとする気持ちの葛藤が、当然重要になる。
③の支え環境の問題は、親子関係や帰り先、サポート体制の問題である。
心の問題にばかりスポットが当てられがちだが、立ち直りがうまくいくか、罪に向かい合えるかにおいては、ほかの二つも劣らず重要である。実際に改善をはかっていく場合、行動の手当てから入っていくほうが破綻の危険が少なく、うまくいきやすい。

心理的な面ばかりを追求し、問題にしても、長年身についてしまった行動や対人関係のパターン、適応力不足、受け皿の問題が変わらないと、現実的な変化は望めない。いくら本人が前向きになっても、現実の厳しさに弾き飛ばされてしまい、またネガティブな考えにもどるというのはありがちなことだ。まず行動面の改善をはかり、心の問題や親子関係の問題も、徐々に手当てをしていくというのが、実際的で、効果を上げやすい。

心の問題が本丸なら、行動の問題は外堀、親子関係の問題は内堀といったところだ。いきなり本丸に取りかかろうとしても、うまくいかない。外堀から徐々に埋めていくのが、時間がかかるようにみえても、近道なのだ。もちろん、三つの問題は連動しているので、実際には、それぞれへの働きかけが並行して行われることになる。

枠組みと規律

したがって、最初の段階は、主に行動に働きかけていくことになる。しっかりとした規則と枠組みのもと、生活や行動の指導から入っていくわけだ。この大前提ともいえる入り口の部分が非常に大切である。これは、すべての働きかけを支える土台になる部分であり、ここをおろそかにしてつぎの段階に進むと、砂上に楼閣を築くことになってしまう。施設ではそのことをよく心得ているので、この段階に十分時間と手間をかける。

少年院という環境の特殊性を一言でいうならば、行動が制限されているということだ。つまり不自由なのだ。閉じられた何重もの鉄扉の外に勝手に出られないことはむろん、席を立ちトイレに行くのにも、いちいち申告と許可が必要である。逃げ場のない生活が、そこでは行われる。この点は、悪く作用すると拘禁反応（拘禁された状況で反応性に生じる精神障害）を引き起こす場合もある。だが、この不自由さは子どもたちに社会生活の根本を学ばせるうえで、ある部分必要なのである。

子どもたちが、施設にやってきて最初にしなければならないことは、ここでの生活の規則を覚えることである。ノートに書き写すなどして、規則を頭に入れる。集団寮に出て、本格的な集団生活に入る前にすべき重要な課題だ。この手順を踏むことは、後々非常に大きな意味をもつ。問題がおきたとき、知っていた、知らなかったという水掛け論や責任逃れを防ぐというだけでなく、共同体は、規則を共有することによって、その成員として認められるという、社会に生きるものの根本的な原則を学ぶことになる。

そのうえで、集団生活へと導入が行われる。寮では、教官や上級生から、行動の仕方について随時助言を受ける。少年院では、後にも述べるように段階別処遇が行われており、各段階の目標をクリアすると級が一つずつ上がる仕組みになっている。上級生は下級生の手本となり、リーダーシップを発揮することが求められる。明確な枠組みに基づいて生活が進んでいく。こうしたルールや枠組みをしっかり身につけさせることが、つぎの段階の課題を行っていくうえでも不可欠なのである。

不自由の意味

ただ、この不自由さが、教育的、治療的であるためには条件がある。まず、そうした枠組みのもつストレスの部分に対して、適切なフォローと意味づけが与えられ、試練に打ち克つ力をつける方向に生かされることだ。

また、公平性の原則が徹底されることが、集団全体の結束や安定性を維持し、治療的、教育的な環境の土台をつくる。誰もが一つのルールを共有していることが重要なのである。その点が損なわれると、自分が有利に扱われているか、不利に扱われているかにばかり目が向いて、教育どころではなくなってしまう。そうならないためにも、約束事が重要視される。

過度に自由な環境で、やりたい放題に暮らしてきた非行少年たちにとって、こうした不自由で、制限された場所が居心地いいはずがない。トラブルをおこしたり、爆発したりすることになる。だが、子どもたちは徐々に変わり始める。イライラしてすぐにキレていた子も、少しずつ落ち着いていく。

むろん、そうなるまでには、さまざまな教育的な指導や治療的な働きかけがなされているわけだが、彼らは規則に則って、いきいきと暮らすようになる。自由すぎることを持て余し、それが彼らをかえって不安定にしていたのではないのかと思えるほどである。

社会の施設では処遇困難だった人格障害のケースも、きっちりと枠組みの定まった環境では、別人のように落ち着いてしまうことが珍しくない。

男子の収容者に多い行為障害にしろ、女子の収容者に多い境界性人格障害にしろ、構造のしっかりとした環境では、安定を取り戻してくる点で共通している。それらの障害が、自由すぎ、規律を失った社会の産物であるとの感を深くする。

不自由で制限のある環境の中で暮らすことは、人間の思い上がりや尊大さをリセットする作用があるようだ。周囲を巻き込んで、自分の力や存在を誇示しようとすることが、ここでは通用せず、ありのままの一人の人間に引き戻されるのだ。自分の弱さとちっぽけさを認め、よけいなツッパリや強がり、見栄という鎧を外し、生身の自分自身を鍛えていこうと思い始めるのだ。幼い万能感を捨て、身の丈サイズの確かな自分を取り戻していくのである。

施設という不自由な環境のもつ意味は、それだけにとどまらない。

十代の若者である。施設に入ることが、初めて親元を離れる経験であるというものが、多数を占める。親や家族のもとを離れて生活することの意味は少なくない。自分自身しか頼れない環境におかれることによって、スイッチが切り替わる準備がなされるのだ。自分で乗り越えるしかないとわかったとき、自立と責任に目覚める用意がなされる。それは、いくら言葉で教えても教えることのできないものである。実際の体験の中でしか体得できないのだ。

地元にある少年院とは違って、医療少年院は数が少ないため、遠隔の県からも送られてくる。生まれて初めての大旅行が、医療少年院への護送だったという場合もある。気候も違えば、言葉も違う。当然、ホームシックになったりもする。最初のうちは、拘禁によるマイナスの影響も出てきやすいといえる。

【ケース】ホームシックの少年

ホームシックということで思い出す、一人の印象深い若者がいた。彼も遠い地方からやってきた子だった。地元の少年院に入ったときから、すでにホームシックにかかって、食事も喉を通らず、抑うつ傾向がひどくなったために、医療措置が必要と判断されて、当地まではるばる送られてきたのだ。家に帰りたいという彼の願いとは裏腹に、彼はますます故郷から遠く離れてしまった。

一人っ子で甘やかされていたこともあったのか、彼の沈みようは、もうホームシックの域を超えて、完全なうつ状態に陥っていた。出院予定の一年先は、彼には永遠のように遠く感じられていた。もうそれならいっそのこと死んでしまいたいという思いさえ抱いていた。虚《うつ》ろで、光を失った目は、この世よりも別の世界を見ているようだった。

自殺企図のおそれもあったため、テレビカメラでモニターされた部屋でしばらく様子をみることになった。診察のときも、早く親元に帰りたいと、言葉少なに語るだけだった。

やがてうつ状態が改善し、生活にも慣れてくるにつれて、徐々に明るさがもどってきた。それでも、ときどき憂いに沈み込むことがある。その憂いはホームシックにしては、長引きすぎていた。そんなとき、彼はある事実を打ち明けたのだ。

自分のせいで、母は亡くなったというのである。母親は、彼が小学生のときに亡くなっていたが、死因は自殺だった。自分が言うことも聞かずに悪いことばかりしていたから、母は死んでしまったのだ、自分のせいだと言って、彼は涙をこぼした。

しかし、事実はというと、母親の自殺は彼の素行が原因ではなかった。母親は他の問題で悩んでいたのだ。しかし、母親が亡くなったことについて、彼は自分が悪い子だからだと思い込んでしまったのである。

当時の彼はやんちゃ坊主ではあったが、札付きの非行少年というほどではなく、彼の非行が本格的に始まったのは、母親の死後、父親の再婚話が持ち上がったころからだった。

亡くなったお母さんを悲しませていたという気持ちがあったから、そう思ったのだろう。しかし、そのことを彼が言葉に出して打ち明けられたことは、大きな進歩だった。彼は母親の死によって見捨てられたという思いと、自分は悪い子だという呪縛にとらわれていたのだ。それを言葉にできたことで、自分の心を縛っていた、もやもやした怒りと悲しみから徐々に抜け出し、生きようという気持ちを取り戻していったのである。

彼は、もう家族を悲しませないようにしっかりやっていきたいと、決意を語るようになった。その後、生活ぶりも安定し、思い焦がれた故郷に帰るころには、見違えるほど元気でしっかりとした青年になっていた。彼の素朴な純粋さがこれ以上傷つけられず、温かく見守られることを祈らずにはいられなかった。

乏しい環境と立ち直り

もう一つ、施設という環境の重要な特性について触れておきたい。

それは、情報や刺激というものが極度に制限されていることである。むろん、電話や携帯で話すことはできない。外部との交通は面会と手紙だけだ。その相手も、家族や弁護士、保護司、学校の先生などに限定される。テレビの視聴は、昼休みに三十分程度と夜に一時間だけだ。新聞は、希望すれば順番で読むことができる。雑誌や本、マンガについては、手元における冊数などに一定の制限がある。ビデオ視聴は週一回程度、教育的なものと娯楽的なものを織り交ぜて行われる。もちろんゲームはできない。子どもたちは、ぼんやりすることに飽きると、自由時間を学習や読書に使うようになる。

お菓子類を食べることは、特別食として特別な日に許されるだけだ。その日出されるわずかなおやつが、外部の社会では想像もできないほど、子どもたちにとっては楽しみである。いままで当たり前でしかなかったことが、当たり前でなくなるのだ。

外部の社会と比べて、非常に刺激や情報が乏しい環境だといえる。逆にいえば、娯楽や時間つぶしに逃避することが許されないということだ。結局、残るのは、自分自身と周囲にいる人間という現実の存在、それから、有り余るほどの大量の時間だ。

しかし、立ち直りという作業を行うにあたって、それこそが必要なものに思える。それ以外の邪魔になる夾雑物《きようざつぶつ》を最小限にすることが、その土台となる環境に求められることなのである。そのうえで、密度の濃い、人間的な関わりが繰り広げられることになる。外の世界では逆になっていたのである。物質的に豊かで情報はあふれかえっていても、人間的な関わりやぬくもりの体験が乏しすぎたのである。

子どもたちは、外部の世界に比べたら何もないといえるほど乏しい環境で、はてしなくゆっくり流れていく時間を体験するようになる。否が応でも、自分自身に、現実に向かい合うしかなくなるのだ。そうした状況が前提となって、これから述べていく関わりが、外の世界では考えられないような大きな力をもっていくのである。

受けとめることと叱ること

子どもたちは、こうした環境の中で規則正しい生活を行っていく。しかし、それは、その子の外側にある枠組みの力によるものだ。まだその子自身の自主性や自律力で、生活を保っているわけではない。その子にとってみれば、嫌々ながら強制されてやっているのにすぎない。枠組みが外からただ強制されたものである限り、また社会にもどって自由になってしまえば、たちまち元の木阿弥である。

したがって、立ち直りの成否は、本人の外側ではなく内側に、主体的な意志と自律力を育めるかどうかにかかっている。その場合、ただ行動を規則で縛り、賞罰で条件付けして、体で覚え込ませるのでは、本物の変化は生まれない。そうしたやり方では、最悪の場合、やらされたという被害感や精神的な暴力でも受けたような傷しか残らない。

外側からの働きかけが、主体性をもった内なる力に変換されるためには、ぬくもりをもった媒介が必要となる。その子の心の成長を触媒する導き手が必要なのである。この試練と苦しみに共に取り組み、それにプラスの意味と方向性を与える存在だ。そうした導き手との間に信頼関係が育まれることによって、行動の変化が心の変化に変わるという「小さな奇跡」は生まれるのである。

そこで、つぎのステップの大きな課題は、導き手との信頼関係の構築だといえる。ただし、信頼関係というのは、築こうとして築けるものではない。それは、日々の日課や課題に一緒に取り組む中で培われるものだ。

子どもたちには、段階ごとに具体的な努力目標が与えられる。たとえば、自分勝手な行動が目立つ少年であれば、同僚少年に配慮と思いやりをもって接するといった項目が、非行の問題への取り組みなどと並んで、目標の一つに掲げられる。その目標がどの程度達成されたかが、毎月、評価される。その評価によって、つぎの段階に進めるかどうかが左右される仕組みになっている。

もちろん努力目標を達成することも重要なわけだが、実は、目標に向かって四苦八苦する中で、少年が担当スタッフとの間に信頼関係を築けるかどうかが、ある意味で、それ以上に重要なのだ。それがなければ、ただ表面的な生活や行動を変えるだけで、心のありようにまで変化を及ぼすことは難しいからだ。

信頼関係を築いていくうえで鍵になるのは、しっかり受けとめることと、叱れることとである。子どもが育っていくうえで、その両者は不可欠だ。そのプロセスは、きれいごとばかりではすまされない。ぶつかり合いもある。だからこそ、関係が鍛えられていくのだ。

丸ごとありのままに受けとめ受容する局面と、必要に応じてきっぱりと叱る局面を、うまく使い分けられることが求められる。受けとめるだけの受容は、本物の受容につながらないのだ。ことに、相手が成長途上の子どもの場合には、単なる甘やかしに陥ってしまう。必要に応じて叱れる厳しさが、成長を促すためには不可欠だ。その場合、その子を全否定するのではない仕方で、上手に叱る技術が必要になる。特に、傷つきやすい少年ゆえに、叱り方に技術を要する。

人情味あふれるベテラン教官には、こうした高度な技術をもった人が少なくない。頭ごなしに厳しく叱っているようでいて、なんともいえない優しさが滲《にじ》み出ているのだ。叱られているほうの少年も、むしろ安心した顔をして、納得して聞いている。叱った後で、毬栗頭《いがぐりあたま》や肩を撫で、野太い声で「しっかりやれよ」と励ますと、子どものほうは、はにかんだように笑ってうなずいている。

受けとめることと叱ることが大きな一体となり、一貫性をもって子どもに向かうことが、子どもを安心させ、安定させるのである。

【ケース】叱れない子

本当は叱らなければならないときに、叱れないということがある。表面的に叱ってはいても、叱る言葉に力が入らないのだ。それはたいてい、その子の悲惨な境遇や傷ついた心に気持ちが入りすぎて、これ以上言葉で打ちすえる気になれない場合である。

N子もそんな少女だった。N子は、幼少時に両親が離婚したため、施設や親戚宅をたらい回しにされて育っていた。性的虐待やレイプの被害にも遭っていた。そうした子の例に漏れず、甘えられる人を見つけては依存するのだが、少しでも冷たくされると、自分は嫌われていると思い、一挙に自殺企図や攻撃的行動に移ってしまうことを繰り返していた。

何度も何度も自殺企図しては、保護室に収容されたが、その理由はどれも、とうてい死のうとする理由にはならないものだった。

同室の子のごく普通の言葉を、「嫌なことを言われた」と勘ぐっては、すぐにタオルで首を縊《くく》ろうとする。あるいは、「嫌なことを言われたことを思い出した」と言っては、舌を噛み切ろうとする。本人にとっては深刻なのだろうが、それくらいのことで死んでいたら、命がいくつあっても足りないと思うような理由ばかりだ。

「きみの命はそんなに軽いのか。もっと大事に扱ったらどうだ」と言うと、「軽くて、軽くて」と笑っている。

そんなN子を、どうしても本気で叱る気になれなかった。彼女の背負っているものに私のほうが負けていたのだと思う。私の本気のなさを見透かしたように、N子は再三自傷や自殺企図を繰り返した。

心的外傷の治療の第一人者であるアメリカの精神科医ジュディス・ハーマンは、深刻な心の傷をもつものに治療者が出会ったときの「外傷性逆転移」という現象について述べている。治療者はその悲しみに共感するあまり、それに圧倒され、治療者として手足を縛られた状態になってしまうのだ。

そうしたことは、熟練したスタッフでもしばしば経験される。大事なのは、客観的な視点を忘れずに、必要な対応をためらわずに行う一貫性である。

実際、深い傷を負っていても、ひどい状態から脱出できたケースは、そうすることが必要なときに本気で叱れたケースに多いように思う。

別の少女が縊首《いしゅ》しようとしたことがあった。その少女は自分の赤ちゃんを虐待死させていた。そのことは罪であると同時に、彼女自身の深いトラウマともなっていた。彼女は絶えず希死念慮に襲われながら、どうにか生きながらえていた。私は彼女の苦しみに共感しながらも、そのときは、死のうとしたことを心の底から叱った。彼女も大粒の涙を流して、私の言葉を聞いていた。その後も、ときに自傷してしまうことはあったが、自殺企図が繰り返されることはなかった。

N子に話を戻せば、私を含めてスタッフは、彼女にさんざん振り回されることになったのだが、いやでも関わりの密度は増すこととなった。まさに、それは愛情に飢えたN子が望んでいたことであった。

そんなN子が好んで作る箱庭は、彼女の現実とはまるでかけ離れた、楽園のようなリゾートだった。だが、人気《ひとけ》のないリゾートはいつも寂しげだった。悪い状態を繰り返しながら、N子はどこか祭りの主役になったように満足げであった。「ここにいる間だけでも、甘えたい」と本音を漏らすこともあった。そんな中で、彼女の作る箱庭もにぎわいを増していく。彼女の行動面の不安定さとは裏腹に、作品としてみると、それは彼女の改善を示していた。

最後にN子が作った箱庭は、スタッフへのねぎらいと感謝のメッセージが込められたものだった。人は自分がよくなりたいと思ったときに、よくなるのだという真実を、私は改めてN子から思い知らされたのだ。

語られ始める思い

安心感と信頼関係がつくられるにつれ、子どもたちは少しずつ自分について語り始める。最初は少しずつだが、ある時期から堰《せき》を切ったように、溜め込んでいた思いがほとばしり出る。

その中でも重要なのは、やはり親に対する思いだ。あとにも述べるように、この段階で、否定的な思いも含めて、親に対する本音がいかに吐き出されるかが、その後の展開をさらに手ごたえあるものにできるかどうかを左右する。

【ケース】ほかの家に生まれたかった

覚醒剤中毒と売春で保護された高校一年生の少女は、集団生活に慣れてきたころ、面接でこんなふうに語った。

「昔は勉強ができたので、親はそれが自慢だったんです。小さいころは勉強ばかりだった。あんなふうで、よく生きていたなと思います。親にほめてもらいたくて頑張っていたけど、ちっともほめてもらえなくて、頑張るのがしんどくなっていました。自慢はするけど、ほめてもらったことが一度もないんです。子どもに無関心なんです。そんな感じは、離婚する前からで、二人とも子どもには関心が少ないんだと思います。

父がたまに帰ってくると、母はべたべたしていました。子どものことなんか眼中にない感じで。それでも、中学の終わりまでは頑張っていました。だんだん勉強についていけなくなる自分がいて、それでも、何とか高校に入るまではやれたんですけど。

高校に入って、いったん手を抜き始めたら、するのが嫌になってしまって。それから、一気に遊びに走るようになってしまいました。

うちの親は、どうして、あんなふうだったのか。できたら、ほかの家に生まれたかったとよく思っていました」

この少女は、温かい家庭というものに強い憧れをもっていた。少女が覚醒剤を乱用するようになったきっかけも、理想の父親のように思えた、ずっと年上の男性と関わりをもつようになったことだった。こうしたケースは非常に多い。思春期も後半の子どもたちは、両親によって満たされない愛情や受容願望を外で満たそうとし始める。しかし、それはしばしば危険な蜃気楼を追いかけることになる。

非行に走る少年や少女たちは、親に反発や反抗をしているケースばかりではない。意外に多いのは、親とは表面的にいい関係にある（と思っている）ケースだ。本人も、親には何も問題はない、悪いのは自分だと繰り返し続けることが多い。

問題がまるでないかのように装うケースも少なくない。親や家庭の問題を、自分と切り離そうとすることもよくみられる。つぎのケースもそうした例である。

【ケース】親なんか関係ないです

眉目秀麗な青年は、いつも愛想のいい笑顔を浮かべていた。ただ、まともに向かい合うのを避けるように目がきょろきょろとして落ち着かず、話題が飛びやすい。一見快活・活発で、人当たりの良い反面、非常にニヒルで無感情な一面や、ふさぎ込んで一人になりたがる別の顔をもっていた。明るい笑顔も、どこかつくられたものに思えた。疑り深く、些細《ささい》なことでキレてしまったり、注意されるとたちまち錯乱して、あとで記憶がなかったりした。脳波は境界域で、薬物乱用の後遺症もあったが、それだけの問題ではなさそうだった。

彼と話をしていて、まず感じることは、話が深まらないことだった。少し深まりそうになると、彼のほうがするっと逃げるのだ。そして、彼がいつも繰り返すのは、「問題ないです」という言葉だった。

親のことについても何度か訊《たず》ねたが、その度、「親なんか関係ないです」「自分の問題ですから」と、悟りきったような答えが返ってきた。

しかし、関係ないわけはない。彼の両親は離婚して、父親は行方不明、母親は亡くなっていた。彼は十歳のころから、親戚のもとや施設ですごしてきたのである。

集団生活が長続きせず、停滞した状態が続いていた。そんな中で、彼は親なしで生きてきた苦労話を少しずつ漏らすようになっていた。そしてある日、彼は母親の死について語ったのだ。彼が小学生だったときおきた忌まわしい出来事を。母親は、彼がお父さんと呼んでいた、母親の愛人に殺されたのである。幸せだった日々は、その日を境に終わりを告げたのだ。

「親なんか関係ない」「問題はない」というケースに限って、重い傷を抱えているというのは、よく経験することである。子どもは、傷に向かい合うのを避けようとしがちだが、共に受けとめてくれることを感じるようになると、押しこめていた思いを語るようになる。

【ケース】怒りの正体

傷害と恐喝で二回目の少年院送致となったF少年は、入院してから半年ほど、「ここを出たら、父親を殺す」と言い続けた。彼の口から出てくるのは、父親に対する憎しみと怒りの言葉ばかりだった。最初に殺す理由としてあげていたのは、「父親が警察に通報して、自分を売ったから」だった。だが、時間が経つにつれて理由が変わっていった。つぎに理由としてあげたのは、「父親が母親と別れたから」だった。さらに、「父親に暴力をふるわれ、虐待されたたから」と変わる。しかし、半年ほどそう言い続けた後で、父親が面会に訪れたとき、言い訳ばかりする親を見て、少年は何も言う気がしなくなったと言う。

以来、Ｆ少年は父親のことをあまり言わなくなった。

一歳のとき、両親が離婚したため、幼いころからずっと施設で暮らしてきた少年は、母親からの差し入れの下着をビリビリに引き裂いた。

「面会のときに殴ってやればよかった」と語った。何がそんなに彼を怒らせたのかと訊ねると、「さも母親らしいことをするのが、腹が立つ。僕は母親などとは認めていない」と言う。「今度会ったら、絶対殴ってやりたい」と握りこぶしを固める。

非行はしばしば親への怒りが変形したものとして現れる。非行少年たちは、どんなに怒りを抱えていても、親に直接ぶつけることはむしろ少ないのである。本当の気持ちを言えないことが、子どもたちを非行に走らせているのである。

揺さぶりを乗り越える

境界型のような深い対人不信感や愛情飢餓感をもったケースでは、スタッフとの距離が縮まり、心を開こうとし始めると同時に、厄介な問題がおきてくる。

これまで、ありのままに受けとめられず愛情を満たされてこなかった子ほど、受容してくれる相手に対して過大な期待を抱きやすくなる。スタッフに理想の親の姿を投影したり、親との問題を再現したりする。

よくあるのは、特別扱いを求め、無理難題を言い始めることだ。そうした要求は、現実的な利益や快適さを求めるというよりも、愛情や関心に対する証《あかし》を求めるという意味合いが強い。甘える相手が自分の思いどおりになれば満足し、思いどおりにならないと激しく爆発するのだ。

特別扱いはできないと要求を断ると、期待が膨らんでいた分、「裏切られた」と思ってしまいがちだ。受容されることと、甘やかされ特別扱いされることは、まったく違うということが本人には理解できず、要求を拒まれると、いままでの受容を見せかけの偽物と考えてしまう。要求が拒否されたことを、自分が拒否されたと受け取ってしまうのである。

かつての裏切られ見捨てられた体験から、また見捨てられるのではないかと疑心暗鬼になり、試すような言動や言いがかりが多くなることもよくある。ある意味、本当に信頼するに値するかどうかの「試し」のときでもある。

この段階をいかに乗り越えるかが、本当の信頼関係を築けるかどうかの分かれ目となる。肝心なのは、本人の表面的な態度に振り回されず、一貫したスタンスを維持することだ。本人に迎合して要求を呑めば一時的には喜ぶだろうが、長い目でみると本人にとってマイナスである。そうした揺さぶりに振り回されず、粘り強い態度で本人に向かい合い、要求を認めないことはその子自体を否定しているのではなく、その子の成長にとって必要なことなのだと根気よく伝えていく。

それでも収まりがつかず、トラブルをおこしたり、規則違反や問題行動に出てしまったりする場合もある。そのときはいったん集団生活から離し、「反省」や「調査」として一人にする。自分の思いどおりにならないからといって、すぐに爆発したり、相手に当たったり、周囲を振り回してしまう自分自身の問題に向かわせる機会として活用するのである。

一時的には、殻にこもろうとしたり、暴れたりするかもしれない。しかし、どこまでも付き合うぞという、とことん向かい合った対応は、必ずつぎの前進を生む。状況のいかんにかかわらず、同じ姿勢で向かい続けるうちに、関係は段々落ち着いたものへと進む。なぜなら、まさに子ども自身がそうした変わらない存在を望んでいるからだ。

逆にうわべで本人に調子を合わせるような態度に出ると、甘えが際限なく広がるだけでなく、子どもは内心、不信感や軽蔑を抱くようになる。必要なのは一貫性と、何が本筋で大切かという信念の部分である。

もちろん、人間は不完全な生き物だし、適切でない対応をしてしまうこともある。しかし、それも含めて、粘り強く試行錯誤を続けていくことが、本音での理解につながっていく。結局、最後には、どれだけ本気で子どもに向き合っているかということが、子どもを動かすかどうかを左右する。テクニックや経験はあまり役に立たない。むしろ、それを過信することのほうが危険である。新人の職員であっても、虚心に向かい合う気持ちが、子どもの凍りついた心を解かすのである。

【ケース】「おれのことなんか、どうでもいいじゃないですか」

施設暮らしの長かったある少年は、やってきたばかりのころはとても不安定で、額が赤く血に染まるまで壁に頭をぶつけたり、自傷行為を繰り返していた。警戒心が強く、何か訊ねると、「どうして、そんなことを聞くんですか?」「おれのことなんか、どうでもいいじゃないですか」「話したら、どうかなるんですか?」という具合で、なかなかうち解けようとしなかった。

しかし、殻を閉じつつも、本当は関わりを求めていることが痛いほど感じられた。

根気よく接するうちに、そんな彼もうち解けて、いろんなことをよく話すようになった。長い施設暮らしの思い出は途切れ途切れで、一度も整理されたことのないスナップ写真のようだった。彼は思い出を人に語ることに不慣れだった。そういうことをしたことが、これまでほとんどなかったのである。

「親がアホだから、息子もダメです」と、自嘲的に話したが、その親の顔を彼はろくに覚えてもいないのだ。

施設にいたとき、とても仲の良かった友人のこと、よく一緒に施設を抜け出して遊びにいったこと、親身に世話をやいてくれた職員のことを話すとき、日ごろはポーカーフェイスの彼の顔にも、表情の変化が浮かんだ。ただ、施設で親友だったという子に対する思いも、驚くほど冷めたものだった。

「自分のことで精いっぱいだったから。所詮、自分のことしか考えないから。顔を合わさなくなったら、それっきり。別に懐かしくもない。会いたいとも思わない」

そんなふうに彼は感情を封じ込め、傷つくことからずっと自分を守ってきたようだった。

何事も否定的な言い方をする点は相変わらずだったが、表情は少し明るくなり、生活でも前向きな姿勢がみられるようになった。自傷行為も影をひそめた。

ところが、ある時期から職員とのトラブルが急に増えてきたのである。日課を終え、自室にもどる段になって、なかなか部屋に入ろうとせず、職員とたわいもない話をしたがったり、細かな要求にこだわって職員の手を焼かせる。職員のほうは、大勢の少年を相手に時間に追われて仕事をしているため、彼だけに時間を割いていられない。それでも、何人かの熱心な教官が、彼のためにと思って話を聞いていた。そのうち、「○○先生のときは、聞いてくれたのに」「○○先生はしてくれたのに、どうして先生はダメなんですか？」というような言い方で職員にくってかかる。熱心に関わっている教官に対しても、もっともっとと要求をエスカレートさせ、断られると、「結局、おれのことなんか、本気で心配してないんでしょう」「ただ仕事でやってるだけなんでしょう?」と、かみつく。

この段階で、スタッフは話し合いをもった。足並みをそろえ、彼の振り回しに乗らないと同時に、要求をかなえるかなえないという点ではなく、もっと肝心な点で彼とつながり直す必要があったからだ。

話し合いの結果、定められたルールを確認し直し、それに従わない場合は規則違反として取り上げる一方、彼と面接したり、キャッチボールをしたりして、人間としての彼と触れ合う時間を、別枠でもうけることにした。彼にも、そうすることがなぜ必要なのかを説明し、彼もその方針を受けいれた。

彼はふたたび落ち着き、担当職員との関係も安定したものになった。

境界型などのケースでは、職員の陰口を言ったり、好き嫌いを口にして別の職員に取り入り、操作しようとすることがある。相手の心をうまく読み取って巧みな心理誘導を用いることもあり、こうした操作に乗ってしまうと、本人の問題がいつのまにか職員間の問題にすり替えられ、体よく振り回されただけで終わることになりかねない。

こうした事態を防ぐためにも、不可欠なのは、スタッフ間の連携と方針の共有であり、つねに方向性を確かめ合い、足並みをそろえることである。難しいケースほど、チームとして関わることが重要になる。周囲のスタッフやスーパーバイザーの役割を果たす上位のスタッフは、いま何がおこっているのかを読み取って、不用意に回避場所を与えたり、問題をすり替えさせたりしないように、そっと流れを支えるのである。

危機意識の芽生えと「底つき」体験

立ち直ったケースをみていくと、回復のターニングポイントとなった出来事があるものだ。その一つは「底つき」体験と呼ばれる現象である。あるところまで落ちて、ふと本人が、このままではヤバいと、我に返ったように気持ちが切り替わるのである。これは、見込み違いの失敗をしたときにおこりやすいように思う。自分ではもう失敗しないと思っていたのに、また失敗してしまって、はっとなるわけだ。

そういう場合は、こちらが何も言わなくても、すでに本人の中で、これまでとは違う変化がおきていたりする。再入院の少年においては施設に着いたときから、前回の入院のときとはまるで別人のようになっているということもある。どうしたら本当に立ち直れるのか、真剣に考え始めるのである。また、施設の中で大きなトラブルをおこし、処分を受けた後で、そうした変化が生じることもある。いずれにしろ、失敗をして、自分の中に本当の危機感をもつことが転機となるのである。

そうした底つきが、一度鑑別所や施設に入っただけでおこる子もいるし、なかなかおこらない子もいる。失敗から学べるかどうかにも、やはり個人差がある。失敗から早く学ばせるためにも、周囲は問題を覆い隠したりごまかさずに、自分で責任をとらせるという姿勢で臨むのが、結局、問題を早く解決することにつながると思う。

「底つき」とは、責任転嫁やごまかしをやめ、自分に向かい合うことである。自分の弱さから目を背け、逃げるのをやめるのである。自分に正面から向かい合ったとき、人は変わる。自分の弱さを知り、それを受けとめ乗り越えようと真剣に試み始めるのだ。

非行になぜ走るようになったのか、なぜ自分を損なうことをわざわざやってしまったのかと、自ら問い始めるのである。

いろいろと問題点が浮かび上がってくるが、それらの根底に必ずあるのが親や家族とのことである。ところが、一番肝心な問題ほど、つぎのケースの少女のように本心を押し殺し、曖昧にして、向き合うのを避けていることが多い。その点では、本人だけでなく家族も共犯者である。

しかし、本気で変わっていこうと思い始めると、そのことを避けていてはダメだと悟るようになる。はっきりと本音の部分でぶつかっていこうとするのである。

【ケース】押し殺した気持ち

覚醒剤の後遺症で入院になった十八歳の少女・M菜も、そうした一人だった。どこか自信のない感じはあるものの、いつも笑顔で話す少女だった。家族関係について訊ねると、母親とは仲が良く、友達のようだという。両親は数年前に、父親の暴力が原因で離婚していたが、むしろ、父親との関係は、いまのほうが良くなったという。面会には、両親がそろってやってきて、明るい話題に終始しているようだった。

どうして家出をしたり、覚醒剤にまで手を染めるようになったのかについては、ただ「自分の問題」「遊びたかっただけ」としか振り返ろうとしない。M菜は、暴力団員の男から打たれた覚醒剤でC型肝炎にも感染し、いまでもときどき出る幻聴に苦しめられているのだ。

そんな態度に変化がおきたのは、消灯後、教官の目を盗んで、おしゃべりをしていたのが発覚して、謹慎処分となってからだった。M菜は首謀者というわけではなかったが、誘いを断れなかったのだ。謹慎処分は、処分としては降級についで重いもので、その期間（最長で二十日間）、単独室で端座し、終日黙想と反省をしてすごす。謹慎処分となれば、必然的に進級は遅れ、帰る日も延びる。彼女は、だいぶショックを受けたようだった。

「少年院に何のためにきていたのかと思うと、自分に腹が立った」と語った顔には、また同じ過ちを繰り返してしまったという焦りがあった。

　その辺りから、M菜は真剣に自分がどうして非行に走ったのかを考え始めた。その中で、親に対する本音も少しずつ出てくるようになる。

　短気で、すぐ暴力をふるう父親。生活のために、身を粉にして働く母親。甘えたくても、甘えられなかったこと。母親が大変だとわかっていたから。母親が父親と別れると言ったとき、いいよと言ったこと。だが、本当は父親が好きだったこと。父親は、M菜にだけは優しかったこと。それから、弱音一つ吐かずに頑張る母親を見ると、いつしか反発を覚えるようになったこと。M菜には何一つ不自由させないように、母親は必死に働いてくれたのに。

「自分勝手に生きたかった。母のことが幸せだとは思えなかった。母のようにはなりたくなかった。だから、自由に生きたいと思ったんです」

　それから、M菜は母親に本当の思いを綴《つづ》った手紙を出した。少し間をおいてやってきた母親からの返事は、彼女の気持ちを受けとめるものだった。その後、紆《う》余曲《よきょく》折《せつ》はあったものの、手紙のやりとりや面会を重ねて、M菜は、母親とも自分自身とも本音でつながり直していったのである。

自分自身の非を受けとめる―「悲哀の仕事」の二つの段階

信頼関係の中で見守られながら、本音で語り、それが受けとめられていく段階が、しばらく続けられる。

最初のうちは、自分の身に受けた不当な仕打ちや、それによって自分が奪われたものや失ったもののほうに、視点の中心がおかれる。そうした語りの中で、「偽りの希望」に向かって進んでいった自分の道行きが、十分に吐き出されることが必要である。それは、「自分自身に対する悲哀の仕事」の段階である。非行の進んだ少年は、自分に悲しむことを禁じるがゆえに、無謀で冷酷な強がりへと走っている。それゆえ、自分に対する悲しみを素直に表せることは、非常に大きな一歩なのである。

その子の悲しみが受けとめられ、吐き出され尽くすにつれ、不思議な逆転がおこり始める。周囲の仕打ちによって与えられた悲しみを、悲しみとして感じるとともに、わけのわからない怒りであったものの正体が、親や周囲の大人から得られなかった愛情や承認だったことが理解されるようになる。親を求めていた自分を、親というものをそれほどに大切に思っていたころの思いと一緒に、ありありと感じ取れるようになるのである。

自分を捉えていた怒りとは、親を失望させたり、ダメな子になってしまった自分自身に対する怒りでもあり、それを引き受けるのが嫌で、周囲に転嫁していたことを悟るのである。

それとともに、むやみな怒りが消え、責める気持ちしかなかった親や周囲の存在に対して、不当にも自分がしてきた仕打ちを素直に悲しむ気持ちが、すまなかったという思いと一緒に湧き上がるようになる。これは「他者に対する悲哀の仕事」の段階である。

相手の非とばかり責めていた問題が、自分自身にも責任があったのだと受けいれる気持ちに変わっていくのだ。確かに親や周囲にも問題があったが、それでも最後の責任は自分にあるのだということを悟るのである。

こうした過程は、すべてを受けとめてくれる存在に媒介されることによって、初めて可能になる。その道程は、多種多様のプロセスを含む。自分の気づきを大切にする段階もあれば、叱りつけ、半ば強引に「目を向けよ」と迫る瞬間もある。その流れの機微は、意図してできるものではなく、粘り強い関わりが織り成す、巧まざる産物なのである。

【ケース】非の打ちどころのない少女

診察室に現れたF美は、十五歳という年齢よりもしっかりとして、いかにも良家のお嬢さんといった印象の子だった。しかし、その口から、すらすらと流れるように語られた話は、立ち居振る舞いの優雅さと、あまりにもギャップのあるものだった。

彼女は覚醒剤を乱用するようになったきっかけについて、こう話したのである。

「父が教えてくれたんです。父とセックスするときに、これを使うとすごくいいから使いなさいと言われたんです」

そんなふうに、F美は平然と父親との肉体関係について語った。父親は事実ではないと否定していた。父親の言葉を信じつつも、一抹の疑惑をスタッフの誰もが抱いていた。

もし、F美が嘘をついているのなら、そのうちボロを出すだろう。そう思って、経過を見守ることになった。ところが、F美の生活ぶりは非の打ちどころのないものだった。誰の脳裏にも同じ思いが去来した。あんなにきちんとした子が、なぜここにいるのか。もしかしたら、F美の言っていることは……。

F美のけなげな頑張りぶりを見るにつけ、スタッフは、どちらを信じたらよいのかわからなくなっていた。F美の話を聞けば聞くほど、真実を話しているのはF美のほうだと思われてきて、弁解ばかりしている父親の言葉が信じられなくなってきたのだ。

父親は、F美が小学六年のとき、母親と別居してその後離婚、他の女性と家庭を営んでいた。父親に対するこだわりが強い一方で、母親に対するF美の態度は、冷淡そのものだった。

F美の話に、母親のことはほとんど出てこないので、ある日こちらから水を向けてみると、F美はひどくつまらなそうな顔をして、微《かす》かにしかめっ面をした。

「あの人のことを、話さないといけませんか？」

F美の反応は、考える価値もないという具合で、とても辛辣《しんらつ》なものだった。母親は「家事をなまけ、テレビばかり見て、ブランドものを買い漁る以外、何もしない人」だった。その評価は、父親が母親に下した評価のようにも思われた。

両親が離婚した場合、苦労している片方の親に同情したり、気を遣ったりする反面、あんなふうだから捨てられるのだ、逃げられるのだと、とてもシビアな見方をしているのはよくあることだ。そこには、自分にとって大切なもう一人の親を失わせたことに対する恨みがこもっている。F美の場合も、そうした心理が働いているようだったが、それにしても冷淡すぎるように思われた。

一方、父親はF美との面会を求めていたが、F美は面会を拒み続けていた。性的虐待を行っていたかもしれない父親との面会を、強要することもできなかった。

しかし、ことの真相を見極めるためにも、また、帰り先を決め、社会復帰の準備をするうえでも、そのことは避けて通れないように思えた。結局、F美もわれわれの提案を受けいれた。

面会は予想以上に荒れたものとなった。F美は、一方的に性的虐待を行ったと激しく父親を罵《のの》ったのである。それに対して父親も反論し、言い争いになった。F美は、「寂しい思いばかりさせられた。勉強を教えてと言ったときだって、教えてくれなかった」と、泣きながら父親を責めた。

立ち会ったスタッフはがっかりしたが、私には大きな一歩に思えた。F美が、寂しい思いを訴えて涙ながらに口走った言葉は、まさに彼女の本音だと思った。

その後も、F美は同じように生活していたが、あるころからふさぎ込んだり、よく胃痛を訴えるようになった。F美が自分から真実を打ち明けたのは、それからまもなくのことだった。

性的虐待の話は、彼女のまったくの虚構だった。

「両親の離婚はすごくつらいことだった。当時は全然つらくないと思おうとしていたけど、本当はつらいことで……。自分の気持ちを押し殺すようになっていた。親の前でも一度も泣かなかった。二人が離婚したときも、しょうがないんだと自分に言い聞かせていた。自分の気持ちを押し殺しているうちに、感情がなくなって……。自分は傷ついていないと言い聞かせていた。大人として振る舞っていた。でも、あれ以来、本当の幸せというものを感じたこともなかったし、楽しいこともあまり感じなかった。ただ、外にあるものを手に入れることにだけ熱中していた。それで忘れようとしていたのだと思う」

そして、彼女は自分からは一度も語らなかった母親に対する気持ちを漏らしたのだ。

「母がかわいそうだった。母は自分と同じで、強がってしまう人だから。母は一人ぼっちになって……。父は新しい女性と一緒に暮らしているのに。父のしたことが許せなかった。父が困ればいいと思った」

F美の嘘は、自分の非を転嫁するためだけでなく、自分や母親を捨てた父を罰したい気持ちと、それでも父親を求めている気持ちとが、ないまぜになったものだったのだ。

その直後、F美は父親との面会で、すべてを謝罪した。父親はそれを許し、寂しい思いをさせた自分も悪かったのだと頭を下げたのである。彼女の虚言がもたらした傷痕の修復は容易ではないが、F美は偽りを清算する勇気をもとうと決心したのである。

【ケース】少年の「苦しみ」

突発的に家族に対する傷害事件を起こした少年U太は、それまで親に逆らったこともなかった。施設にきてからも、親との関係はそれほど悪くなかったとしか話さなかった。しかし、予定期間も半ばに達したある日、進級がかかり、張り詰めた生活で疲れているとこぼした後で、U太は小さいころからずっと抱えていた「苦しみ」を語ったのだ。

「この苦しみは、誰にもわかってもらえないと思う」と前置きしてから、彼は、自分の味わってきたつらさを話してくれた。

U太がそう前置きしたのは、何だそんなことかと思われるのではないかと、U太としては、心もとなかったのだろう。確かに、彼の話してくれたことは、酸鼻をきわめる出来事でもなければ、いかにも同情を誘うような事態でもなかった。しかし、一見些細なことに思える状況も、それが慢性的に作用すると子どもの心にどういう影響を及ぼすかを、U太の訴えはよく教えてくれる。子どもがどういうところで傷つき、その後遺症が後年思わぬ結果をもたらすこともあるということを、彼の言葉から学ぶことができる。

U太の「苦しみ」とは、自分の気持ちが、いつもないがしろにされてきた苦しみだった。

「母は、ボクがしたいことを、いつもやめさせようとした。危ないとか、良くないとか、あれこれ理由をつけて。それで、ボクは何も言わなくなった。

あのときは楽しかったという記憶がない。嫌な記憶ばかりが多い。怒られるとか、嫌なことをやらされるとか。決定権は、いつも母か姉にあったから」

母親や姉に対する不満がさんざん吐き出された後、話はふと父親に及んだ。

U太はそれまでほとんど父親の話をしなかった。彼にとって、父親の存在感が薄いことは、彼が最初に描いた家族画などからも推し量られた。大きな顔と大きな口を持つ母親や姉に比べて、背広を着た父親は、手にした新聞に半ば隠れていた。

母親や姉のことを語ったときにU太を捉えていた感情が怒りならば、父親のことを話し出したとき、U太の口元に浮かんだ表情は空虚な寂しさだった。

父親と遊んだ記憶も、一緒に出かけた記憶もないという。父親は仕事が忙しくて、小さいころ、ゲームを一緒にしたいとねだると、相手をしてくれるのは母親だった。

しかし、そうして記憶をたどっていくうちに、U太は、父親がゲームセンターに連れて行ってくれたことを思い出す。

「父は、場所になじまないというか、浮いていて。あのときは、父も一生懸命父親をやっていたみたいだ」

そう言って、こわばっていたU太の顔は、初めて笑顔を浮かべた。それとともに、母や姉が、小さいころよく世話をしてくれたことを話した。母や姉のことも、好きだったんですと、U太はしみじみ自分に言い聞かせるように語った。

否定的な思いを徹底的に並べ尽くすと、その後で、そうばかりでもなかった事実が浮かび上がってくるということは、よくあることだ。そうなると、過去への想いが一面的なものではなく、立体感をもった真実に近い形で、実感できるようになる。一面化された否定を乗り越えるためにも、あらゆる否定的な思いを出し尽くすことは、とても重要なプロセスである。

そのことを語ってほどなくして、彼は事件のことを謝罪したいと述べるとともに、もう一度家族と暮らしていきたいと、手紙に書いた。

過去との和解と希望の回復

子どもたちはこうした悲哀の過程を経て、断絶した過去や家族ともう一度つながり直し、和解しようとするのである。彼らは自分の過ちを心から認め、「本当の希望」に向かって生き直そうと手探りし始める。

そうした変化は、子どもが一番こだわっている存在（たいていは親）が、自分たちの非の部分を認め、その子を受けいれることによって、さらに確実なものとなる。

けれども現実には、親側が一方的に「子どもの問題」としてしかみようとせず、わが子に「裏切られた」「ひどいことをしてくれた」と、自分たちの傷にとらわれ、「被害者」になり続けるケースも多いのである。親のほうが、自分の理想や期待にこだわり、現実の子どもを受けいれることができないと、子どものほうがせっかく変化しようとしても、そこで行き詰まり、逆戻りしてしまうこともある。そうしたケースでは、第二章のI子のケースで触れたように、子どもが「親を卒業する」しかない場合もある。

しかし、そういうケースに限って、子どもは親にこだわり続け、求め続ける。親を卒業できるためにも、子どもが親によって受けとめられ、和解を成し遂げることが必要なのである。

【ケース】この自分にできること

窃盗《せっとう》や恐喝、シンナー吸引を繰り返していた十八歳の少年T男は、年々非行がエスカレートする一方で、親も彼に振り回され続けていた。施設に送られるにあたっても、極めて自己中心的で、自分の欲求を満たすことだけを求め、道徳心や規範意識もまったく欠如していると、厳しい評価がなされていた。年齢的にも、多動型の行為障害から、冷酷さや搾取的な傾向が固定した反社会性人格障害への移行が心配される状況だった。

そうした性格が災いして、最初に入った施設で孤立し、不安定となって、こちらの施設に移送となったのである。

最初に会ったときは、そわそわと落ち着かず、周囲にもうち解けない態度で、質問にも表面的に答えるだけだった。不安と不信を湛《たた》えた目つきは、喩《たと》えは悪いが、傷ついた獣を思わせるような、そんな印象だった。

実際のところ、集団生活がうまくいくか危ぶまれた。他施設で一度失敗しているだけに、また集団生活で躓くと、一層自分にも他人にも信頼を失うことになる。そこで、最初は半日だけ日課に参加することから始めることになった。T男も不安だったようだが、彼が所属することになった集団寮のほのぼのとした雰囲気が、彼を安心させたようだ。社会から拒否され、送られた先の少年院にさえ居場所がないと知って、一層自暴自棄になっていたT男の表情が、しだいに柔らかなものに変化していった。

T男は、もっと集団に出たいと口にするようになった。自分が寮のみんなや教官に受けいれられ、認められているという思いが、彼の気持ちを開いていったようだ。姿勢が前向きになり、学習や職業訓練、課題作文、読書にこつこつと取り組むようになる。漢字は苦手だったが、手先が器用で、ワープロはみるみる上達した。

こうして元気になると同時に、身勝手な一面や狡《ずる》さを覗かせるようになった。以前の彼の悪い面である。周囲の気の弱い少年を都合よく使ったり、手を抜いて狡く立ち回るようなところが、端々にみられるようになったのである。

ただ、その一方で、不安定になった少年に助言したり、弱いものを庇《かば》ったりという意外な面もみられた。自分もそうだったので、つらさがわかるのだという。他施設で失敗し、彼自身が一つの危機を経験したことは、彼の心にも多少の変化をもたらしたようだった。

しかし、彼の生活は本来の能力からいうと、何割か手抜きをしている印象だった。他の子への助言や手助けにしても、それにかまけることで、どこか自分の問題とすり替えているようなところがあった。そのことを教官から指摘されても、本人はあまりぴんとこないようだった。できるだけ楽をして社会に帰りたい、というのが本音のようだった。もちろん、教官は彼のそんな態度に対して厳しく指導を入れるのだが、どことなく緊張感の欠けた生活が続いた。

新たな変化がおきたのは、父親の病気が悪化して入院しているという手紙を受け取ってからである。父親は重い持病を抱えながら、会社勤めをしていたのだ。

彼は落ち込んだ。彼が非行に走り始めてから、衝突ばかりしてきた父親だったから、彼の消沈ぶりは意外だった。彼の中で、父親の存在は、それほどに大きかったのだということが改めてわかってきた。

父親は元実業団のスポーツ選手で、彼も小さいころは、父親が愛したスポーツを叩き込まれて育ったのだ。しかし、ある時期から彼は父親の指導に反発するようになる。

彼は誰もが想像もしなかったことを手紙に書いた。父親に臓器を提供したいというのである。本気かと教官が問うと、彼は真剣な表情でうなずいた。

やがて、病床の父親から返事が届く。気持ちはうれしいが、わしのことを心配するより、しっかりとした生き方をしてほしいと、したためられていた。

この自分にできることはないのかというT男に、教官は、そのことを考えてみろと、作文のテーマを与えた。「父親が自分にしてくれたこと」「自分が父親にしてあげたこと」というテーマでは、T男は、小学校のころ、父親と毎日練習に励んだ日々のことを思い返した。あのころの父は自分の目標だった。すごく大きな存在だったと書き、父親が一生懸命応援してくれたのに、自分がそれに応えられなかったことで、父はどんなにがっかりしただろうと綴《つづ》った。

父親との気持ちのすれ違い、反発が、どんどん泥沼化していき、激しい非行へと進んでいった自分の軌跡を、丹念にたどっていったのである。家族一人一人と自分との関係や自分の非行で家族がどんな思いをしたか、それでも、非行をやめられなかった自分、それらを一つ一つ振り返ったのである。作文のテーマは百題に及んだ。

彼はくる日もくる日も、教官が用意するテーマについて自分を振り返り、作文を書き続けた。一題一題彼は真剣に自分自身に問いかけ、振り返ったこと、発見したことを綴っていった。おそらく彼が、これまでの人生において綴った文字のすべての量よりも多くを、この期間に綴ったはずだ。百題と口でいえば簡単だが、嫌々やらされてできるものではない。ところが、彼はとてもいきいきとして取り組んでいた。自分について自分で考えてもみなかったことが明らかになり、もう一度自分の中に組み直されていくことに、これまで味わったことのない喜びを感じているようだった。

初心者の子にワープロを教えたり、落ち込んでいる子にさりげなく声をかけたりという姿も、ごく自然で、状況をわきまえたものになった。「お前、成長したな」と教官からほめられると、照れくさそうにしていた。

帰る前日、最後に面接したとき、「いま、荷物を整理していました。やることは全部やったけど、うまくやれるか不安です」と素直な気持ちを吐露した。私は、いい青年になったと、しみじみと思った。握手した手が、分厚く、たくましいのに、改めて驚いた。

【ケース】和解の日

十七歳のS子は、はきはきとして、芯の強そうな少女だった。S子の家系には医者が多く、親戚には何人も医者がいた。S子の父親も医者になることを期待されたが、父親は自分の意志を通し、教師になった。さらに、周囲の反対を押し切って、「学歴のない」S子の母親と結婚した。父親は純粋に自分の意志を貫く人物だったが、そのしわ寄せが娘のS子に思わぬプレッシャーを与えることになったのは、運命の皮肉というべきだろうか。

ハイソで、高学歴な親戚たちの中で、S子の母親は肩身の狭い思いをした。父親のほうにも、親や兄弟に対する引け目と意地があった。S子の従兄弟は誰も優秀で、有名進学校や一流大学に進学していた。S子は幼いころから、そうした従兄弟たちに負けないように、両親からの期待とプレッシャーを背負わされることになった。幸か不幸か、S子は両親の期待に応えられるだけの能力を備えていた。そのことが、S子にかかる両親の期待をよけい重いものにしたのである。

S子は、そうした期待をしだいにわずらわしく感じるようになっていた。S子は当時のことをこんなふうに振り返った。

「認めてもらったり、ほめてもらうことがあまりなかった。ほめてもらえると思うと、さらに上を要求されて。頑張って一つのことをやり遂げても、それを当たり前としか思ってもらえない。いつのまにか、息切れしていた」

中学二年ごろから、S子の生活は失速し始める。成績が下降し始めると、ますます勉強が嫌になっていった。進学できた高校は、父親の期待とはほど遠い、滑り止めに受けた学校だった。父親はS子に対して見捨てたような態度をとる。S子はそれに反発し、本格的に非行に走り始める。飲酒、喫煙、シンナー、夜遊び、外泊、万引き。とうとう、知り合った暴力団関係者にそそのかされて、覚醒剤や麻薬まで乱用するようになる。

十七歳で保護されたときには、幻覚や焦燥感にさいなまれる、完全な薬物中毒になっていた。しかし、施設でのS子の生活は、薬物中毒の後遺症がときどき悪化したものの、その割には落ち着いたものだった。無理を言ったり周囲を振り回したりすることもなく、辛抱強く日課に取り組む様子は、かつての「優等生」の姿だった。S子は、いつも何も問題がないという顔で、明るく振る舞っていた。けれども、それだけで終わるはずもなかった。

S子の生活は、後半に入ってから揺らぎ始める。それは、S子が社会に帰ってからの生活を考え始めた証拠でもあった。肝心な問題が解決していないことを、S子自身が一番知っていたのである。

S子の憂いの原因は、何よりも父親との関係だった。父親との関係はS子にとって、それほど大事だったのである。そのことが解決しない限り、何をしようがうまくいかないだろうということを、S子は直感的に感じ取っていた。

父親は面会にも一度もきていなかった。現れるのは、いつも母親一人だった。S子の家庭は父親を中心に回っていた。母親は父親の機嫌を損ねないように、またS子が父親に刃向かって怒らせないように、間に入って、いつもおろおろと気を揉んでいた。

「お父さんは頑固ですから。私に性分が似てるんです」

そう言って、S子は複雑な笑みを浮かべたものだ。

よく似た性分の親と娘は互いに一歩も譲らず、ぶつかり合い、そっぽを向き合った。お互いに「絶対許さない」とうそぶき合いながら。

父親にとっては、期待し、手塩にかけてきたわが娘の離反とドロップアウトは、裏切りと感じられ、どうしても許せなかったのだ。S子から見れば、父親は本当のS子ではなく、自分が勝手に押しつけた理想のS子しかみようとしない、それ以外のS子は認めようとしないと感じられるのだ。二人の間の距離は、開いていくばかりだった。

長いにらみ合いの末、折れて和解の道を探り始めたのは、S子のほうだった。S子は、母親から父親に、面会にきてほしいと伝えてもらうが、父親はきてくれない。父親がきてくれたら、S子は謝る決心をしていたのだ。

S子は父親の誕生日に手紙を書く。しかし、返事をくれたのは父親ではなく、代わりに筆を執った母親だった。それでも、S子は言う。「父が返事をくれるまで、出し続けたい」と。

その次の面会で、S子は初めて涙を流した。母親が父親からの言付けを伝えたのだ。

「面会には行かない。でも、待ってるから、早くもどってこい」

頑固一徹な父親のぎりぎりの譲歩だった。そのときの感動をS子は、こう言い表した。

「私が家族にとって、必要な存在なのかと悩んでいたけど、その答えがわかった」

父親とつながり直す道を見つけ始めたS子は、元気百倍だった。そして、何よりも大きな変化は、自分の非に正面から向かい合い、受けとめるようになったことである。

「自分を正当化していた。それを屁理屈だと思えるようになった。自分が正しいと思っていたが、いま思うと間違っていた。自分のやりたいことだけを主張していた。自分のやるべきことを、やってもいないのに」

最後に会ったとき、S子は私に言った。

「父のことを、尊敬している。そのことに気づけたのがうれしい。父からいっぱい言葉や腕力の暴力も受けた。謝られたりしたこともないが、かえって、それを受けいれることができる。私が痛かった以上に、父も痛かったのだと思える。

失われたものは大きかったけれど、やっと手に入れられたものもある気がする。それを大切にして進んでいきたい。帰ったら、父に謝りたい」

私の目には、取り戻した父親の愛を必死に抱き留めようとするS子の姿が、痛々しくさえ映った。それほど、つらく寂しかったのかと思うと、気の利いた言葉をかける余裕もなく、あまり無理をしなくていいよ、先は長いからと付け加えるのがやっとだった。

3　共に生きる力を育てる

立ち直りのプロセスは、過去との和解を成し遂げ、本来の心を取り戻す試みでもあると同時に、子どもたちに人として共に生きていくうえでの力を身につけさせる試みでもある。

共に生きる力が育たないと、いくら心で反省しても、ふたたび非行という形でしか、現実と折り合いが付けられなくなってしまう。本当の意味で立ち直るためには、反省の心だけでなく、それを持続し、現実的に行動に移していける力を養うことが必要なのだ。

このセクションでは、そうした観点から、子どもたちの再生をみていきたい。

人とつながる

子どもが社会でうまくやっていくためには、人と信頼し合い、共感的なつながりがもてることが必要になる。そのためには、一対一の信頼関係を築くと同時に、集団に受けいれられる体験をすることが、とても大切だ。

精神的な問題を抱えた子どもたちが暮らす集団寮では、そうした治療的な観点から、子どもたち同士の関わりを重要視している。これは、少年同士の関わりを極力制限する一般の男子施設などとは、大きく異なるところだ。

スタッフとの間に芽生え始めた信頼関係がさらに広がりをもち、発展していけるかどうかは、集団寮の雰囲気にかかっている。その空気が、互いにアラ探しをしたり、抑えつけたり、足を引っ張るようなものになってしまえば、人間不信をふたたび植え付けかねない。互いを認め合い、力を与え合うものにならなければならない。

そのためにも、枠組みと受容の両方が、うまくバランスをとる必要がある。

教官が子どもに支配的、抑圧的に接しすぎると、子どもたちは、陰ひなたが強くなり、上級生が下級生を抑えつけるようになる。過度に受容的に許容しすぎると、緊張感が失われ、馴れ合いの方向に流れていく。どちらの弊にも陥らないように、熟練した教官は巧みに寮を運営していく。幸いにして、医療少年院の集団寮には、そうした治療的雰囲気がうまくつくり出されていると思う。それは、教官の熱意と努力の賜《たまもの》である。

それでも、一癖も二癖もある個性の強い子どもたちが、二十四時間一緒に暮らすわけだから、ときにはぶつかり合いもおこる。その都度、教官が間に入り、互いの気持ちを吐き出させ、受けとめ、双方がとことん納得するまで話し合う。こうした対応は、非常に重要である。子ども同士の関係を波風にも耐えられるものに鍛錬するだけでなく、自分たちは見守られているという安心と信頼が強化されていく。

むろん、うまくいく例ばかりではないが、極めて難しい人格障害や重いひきこもりのケースが、そうした集団寮の暮らしの中で、見違えるように変化していく例をいくつもみてきた。それは、従来の精神医学の常識では考えられないことである。その度に、人と人との共生が生む癒しの力をみせつけられる思いだった。

回避をいかに乗り越えるか

ただ、回避型や自己愛型の非行少年は、集団生活が基本的に苦手であり、他人との関わりを積極的には求めようとせず、むしろ避けようとする。自己愛型では、表面的には適応するが、心の中では周囲を見下していて、心から溶けこもうとしない。これらのタイプの少年こそ集団生活に定着して、他人と関わる楽しさや喜びを味わい、共感性を発達させることが必要なのに、歯がゆいところである。結局それができていないと、社会にもどっても、ふたたびひきこもったり、他人の心情に無頓着に、身勝手な行動に走ったりしてしまう。したがって、指導する側は、集団生活に引っ張り出そうとするのだが、肝心の少年がしり込みして抵抗するという事態がおきやすい。つまり、ひきこもりの子を、学校や社会に連れ出すような困難にぶつかるのだ。

この場合、不登校と同じで、無理やり引っ張り出そうとしてもうまくいかない。

こうした回避を克服するうえで大切なことは、不登校などの場合と同じように、ハードルをいったん、ぐっと下げるということだ。集団参加にも、さまざまな段階があり、日課の一コマ程度の部分的な参加から、半日だけの参加、昼間だけの参加、就寝前までの参加、さらに、終日起居をともにする完全な集団処遇へと、負担を調節していくことで、入り口の敷居を下げ、導入を円滑にするとともに、ある程度時間をかけてハードルを上げていく。

スタッフは、ときには誘いかけや激励もするが、努力するしないは、あくまでも本人次第である。ただし、努力を怠れば、目標が達成できずに進級が遅れるという事態となって、本人にはね返ってくる。あくまで本人の自覚と責任が重視されるのである。

こうした配慮や枠組みの中で、相当なひきこもりの子も、病状的に大きな問題がない限り、しだいに集団に参加するようになる。スタッフからの働きかけも重要なきっかけとなるが、もう一つの物言わぬ動機づけは、単独室にいてはすることが限られるということである。家庭のように暇つぶしにテレビを見るとか、ゲームをするということはできない。短時間の散歩や体操以外の時間は、狭い自室で学習や読書をすることしか認められないのだ。朝から晩まで集団寮で生活できて、初めて休日のレクリエーション参加や夜間一時間のテレビ視聴も許されるのである。

こうした環境の効果は大きく、最初は一人が気楽でいいと言っていた子も、そのうち何かやらせてくれと言いだし、掃除や、洗濯物を畳んだり、他の子の世話をしたりするようになる。それで自信をつけると、集団寮に行ってみたいと言うようになる。

楽しみの少ない環境にいると、その子の中に元々はあった、体を動かす楽しさや、他者のために役立つことの喜びが蘇ってくるようだ。

矯正施設と一般の家庭を比べるべきではないのかもしれないが、豊かで便利で楽しみに満ちた外の社会より、何もない施設のほうが元気や活力を取り戻す様子を見ると、あまりにも豊かで便利であることが、子どもたちをかえって損なっているのではと思ってしまう。乏しい環境のほうが、人間に本来備わっている生きる力が働きだすようだ。すべて当たり前だったことが、決して当たり前ではなくなると、些細なことにも喜びや感謝を見出せるようになり、濁っていた目が輝きを取り戻すのである。

ひきこもっていた子どもたちも、集団生活を営む中で、他者と交わることの喜びを語るようになる。そうした変化も、人と交わる以外、他に楽しみらしい楽しみもないという環境があってこそ生まれやすいように思う。

実際、このタイプの子どもの場合、施設に送られてきた当初は、自室で読書ばかりしていたのが、他の子どもと触れ合うようになって、それほど本に熱中しなくなるということがみられる。あるいは、好きなアニメのキャラクターばかり描いて、空想に耽《ふけ》っていたのが、ほどほどの興味の範囲内に落ち着くこともある。その場合、読書やアニメは、それまで現実の代用物となって、すっかりその子の生活を塞いでしまっていたといえる。生の現実の喜びに目覚めると、代用物はあくまで代用物に収まっていくのである。

体を動かす楽しさ——心と体の不思議な相互作用

言語表現が苦手な多動型の子にしろ、屁理屈の得意な自己愛型の子にしろ、心だけに働きかけようとすることはあまり得策ではない。そういうことをしても、言葉だけが空回りをしてしまいがちだ。心の容れ物である体が、心に劣らず大事なのだ。体を健康にすれば、心も健康になるという単純なものではないが、不健康な生活をしていては心の健康が覚束ないことは確かだ。

まずは規則正しい生活、食事、運動、清掃や作業という体へのリズムある働きかけが、心が変化する下地をつくる。規律ある生活や動作、運動は、明らかに心にも変化をもたらす。この土台なくしては、いかなる療法や教育も成果を上げられない。

身体的あるいは精神的な疾患をもつ子どもたちが集まった医療少年院でも、こうした点は同じだ。規則正しいリズムに則って生活が行われる。体育や作業にも、病状に差し支えない範囲で、あるいは病状から回復するためのリハビリとして取り組む。

入ってきた当初は、青白く痩《や》せ細っていた子どもたちが、三ヶ月、半年と経つうちに、見違えるように立派な体つきになっていく。それとともに、体だけでなく、顔や瞳にも輝きがもどり、態度や言葉遣いにも、小気味好い緊張感が宿るようになる。

子どもたち自身、こうした自分の変化に驚くとともに、それをとても喜ぶ。実際、子どもたちも規律ある生活をしたかったのだ。しかし、自分の力だけでは、それができなかったのである。

規律とともに、礼や挨拶《あいさつ》も重要視される。そうした教育は、軍隊のようだとか、封建的だという誤解を受けるかもしれないが、歴史的にみれば、礼や挨拶は、まさに無益な戦いを避けるために編み出された先人の発明だった。また、礼や挨拶という形から入ることは、形以上のものを生み出す。

学ぶ喜びと育まれる土台

非行少年は、基礎学力の身についていない子が大部分である。学校にもろくに通っていないことが多いので、学力など身につくはずもない。漢字はたいてい苦手だし、読書など、マンガしか読んだことがないのが普通だ。ワープロを習うのに、ローマ字がわからない子も少なくない。

しかし、そうした子どもたちが、何ヶ月か経つと、目の色を輝かして読書したり、ワープロの検定に合格したりする。人気のある本には順番待ちができるし、「ハリー・ポッター」などは奪い合うようにして読んでいる。もう希望もないので死ぬしかないと言っていた子が、資格試験に合格して、やっぱり生きることにしましたと言ったりする。彼らも、本当は学びたかったのだ。成し遂げたという自信がほしかったのだ。

といって、学習のための環境がことさら恵まれているわけではない。使える教材や図書も、外の社会に比べれば限られたものだ。その中で、定められた時間中、子どもたちは自分なりの目標にそって、学習に取り組むのである。

ただし、少年院での学習の目的は、学力を養うことだけではない。学力も生きていく力を身につけるうえで大切だが、それ以上に、忍耐や集中力、根気、努力、自主性といった、もっと基本的で、すべてに通じる力を養うことが大事だ。

必要最小限度のものしかない中で、子どもたちは単調な練習を繰り返す。その単調さの中で、子どもたちは、これまで忘れていた貴重なものを学んでいるのだと思う。そうした効果は着実に現れてくる。資格試験に合格したり、しだいに分厚い本も読破するようになる。積み重ねた努力が地道だった分、その達成感や喜びも大きいのである。成果はそれだけではない。集中力や根気、行動の冷静さ、思慮深さの点でも、顕著な成長がみられるようになるのだ。

特に多動型の非行少年は、考えて行動することが苦手である。そうした子どもにとって、読書という体験は、作文することと並んで、言語的な思考力や内省力をつけるすばらしい機会だ。言語的な思考の発達は行動のコントロールにつながる。読み、書き、計算といった課題を行ううえで、前頭前野が重要な役割を担っていることが、近年、脳の機能的研究から明らかになっている。前頭前野は、第三章でも述べたように、理性的判断や行動のコントロールにも深く関与している部位である。この前頭前野の機能が、計算練習によって高められ、それにより行動のコントロールが改善することが、最近の研究で示されているが、そのずっと以前から、矯正施設では、珠算や漢字学習、読書、作文といった基礎的訓練が、行動のコントロールにも効果があることが経験的に知られていて、長く実践されてきたのである。しかも、読書や作文は視野を広め、考えを深めてくれる。

自分のしてしまったことを反省するためには、考える力や振り返る力を身につけなければならない。子どもたちが、きちんと自分を振り返り、新たな未来図を描けるようになるためには、まず、子どもたちを、その段階まで育てなければならないのだ。

その土台ができて初めて、本当の意味で自分自身に向かい合い、自分がしてきた行動の愚かしさや周囲の人に及ぼした迷惑にも考えが至るようになる。ことに、他者を害したり、命を奪ったようなケースでは、なおさら人間としての成長が必要になる。それなくしては、自分の犯した罪を受けとめ、被害者の痛みや苦しみに目を向けることはできないのである。

ふたたび社会で生きていくために

子どもたちが再非行に向かわず、社会に定着できるためには、そこで適応を成し遂げることが必要になる。いくら立派にやっていこうと意気込んでいても、社会に根を下ろし、そこで生産的な営みを行えなければ、ふたたび破綻することは時間の問題になる。

社会で生き抜いていくための筋力や、身を助ける技能を習得させることは、現実の壁に弾き飛ばされないためにも非常に重要だといえる。そのため、施設では、職業訓練や資格取得にも力を注いでいる。高校受験や大学検定など、進学をめざす子も最近は増えている。

課せられる日課の合間を縫って、黙々と勉学にいそしむ様子を見ると、この姿を親御さんに見せてあげたいと思う。つい一、二年前に、勉強なんかしたくないと、高校進学をしなかった子や高校を中退した子が、今度は自ら決意し、自由時間を削ってまで、必死に取り組むようになるのだ。自分の意志でやることほど強いことはない。

ただ、最近の就職難で、社会へ帰って行く子どもたちの前途は、険しいものになっている。ことに、体を動かすのが好きなタイプの子にとって、建設関係や製造業の仕事が減っていることが、社会復帰の機会を奪っている。

あの子が泣いた

スタッフに見守られ、寝起きを共にする仲間からも受けいれられながら、体を動かしたり、学ぶ喜びを積み重ねるうちに、新たな展開と成長が生まれる。これまで競争相手としてしかみてこなかったり、不快な敵としてしか感じられなかった他の子どもたちと、しだいに心からうち解け始め、喜怒哀楽を共にし始めるのだ。そうした生活の中で、子どもたちは生きる力を取り戻していくとともに、他者とともに生きることの喜びにも目覚めるのである。

殺人を犯したひきこもりの浪人生は、他の少年に対して、最初は軽蔑と恐怖と敵意しか示さなかった。長い単独室での生活から、集団で暮らせるようになって三ヶ月ほど経ったとき、「みんなといるのが楽しい。仲間だと感じられる。こんな経験は初めてです」と語った。

その少年は、中学、高校とも一人も友人がいなかったのだ。そんな心の孤独が、精神のバランスを失調させ、事件にもつながったのである。人は他人によって受けいれられたと感じたとき、初めて他人の気持ちや痛みにも思いが及ぶようになる。

最初は保護者役の職員の支えや励ましを必要とするが、段々と子ども本来の伸びやかさを示し始める。そうして、人とつながり、生きる喜びを取り戻すことが、罪を自覚する前提となるのである。人のぬくもりの良さが実感できて、初めて一人の人間の命の重みを感じられるのだ。

不登校とひきこもりから、性非行に走った元優等生の少年は、最初、漢字もろくに読めない非行少年たちを見下した態度をとっていた。口先では、後悔や被害者への謝罪の気持ちを述べていたが、彼がときどき見せる傲慢な態度から、私はその言葉を信じられなかった。

ところが、一人の少年との関係が深まったことを突破口に、彼の他の少年に対する見方は徐々に変化していった。

「劣っていると思って最初は見下していた人も、自分と同じようにいろいろ考えたり、気持ちをもっているのだということがわかった」と、ある日彼は語った。それは、自分の気持ちを受けとめられて育った幸運な人にとっては当たり前のことだが、小さいころ、満足にオムツもかえてもらえずに、ネグレクトされて育ったその子にとっては、発見だったのだ。彼は、そのころから、罪障感や被害者への償いの気持ちを深めていった。

家庭内暴力と傷害で送致されたひきこもりの少年は、中学時代に受けたいじめ体験以降、対人不信感を強めていた。特に同年代の少年に対しては、決して気を許すことがなかった。つねに自分を正当化し、自分を守り続けていた。ところが、職員との濃密な関係の中で、「もう死にたい」という気持ちを語ったころから、強がるのをやめ、自分の弱さを受けいれられるようになった。自己正当化と責任転嫁は影をひそめ、他の子どもたちにも心を許せるようになったのである。

その子が初めて見せた涙は、彼の面倒をみた職員が転勤するときに流した涙だった。誰も彼が泣くとは思っていなかったので、びっくりした。彼の心は、決して解けることのない南極の氷のように思われていたのだ。彼が泣いたのを見て、送られる職員も涙が止まらなくなった。

限界を感じるとき

しかし、むろんうまくいくケースばかりではない。こうした関わりの中で、立ち直りの手応えを感じて社会に帰っていっても、再非行するケースが一定割合ある。ただし、再非行すればまったく将来の見込みがないかというと、そうではない。二回、三回と失敗しても、やがて立ち直るケースもある。二回目にやってきたときは、最初から本人の中で、危機感が生まれて底つきがおきている場合もある。そういうときは、生活態度も一回目とは一変していて、社会に帰ってからの予後もいいのだ。

その一方で、一回目のときには、まだ子どもらしい部分や、変化と成長の可能性を感じさせていた子が、二回目にやってきたときには、大人の顔になっているだけでなく、心まで老けて、素直さがなくなり、ただ狡賢く、抜け目なくなっているというケースもある。こうしたケースでは、表面的な生活はそつなくこなしても、心の部分が変化を受けいれる柔らかさを失っていて、どんな働きかけも本人の心に響かないということになりやすい。

その境目は、十八歳前後の脳が完成する時期と一致しているように思う。その時期を過ぎて、よい意味で「大人になる」ケースと、逆に可塑性が失われ、反社会的な思考様式や共感性の乏しい自己愛性が固定化するケースがはっきりと分かれてくるのだ。ただ、個人差があり、二十歳を過ぎてから劇的変化がおこることもあるので、一概にはいえない。

予後を左右する要素は、本人の素質もあるだろうが、やはり受けとめてくれる家族の対応など、支える環境の部分が大きいように思う。家族が本人を受けとめようと、熱心に関わってくれるケースは、よい方向に変わっていくことが多い。一方、引き取りさえなく、見捨てられた状況の中で暮らしていかなければならない子どもたちは、いい方向に変化し始めていても、ふたたび希望を失い、傷つけられた心を鎧で覆ってしまうことになりがちである。

これまで、何百例というケースの治療に関わってきたが、たいていの子は、すっかりとはいかなくても、ある程度改善して、素直な明るい顔にもどって社会に帰っていく。気持ちや生活態度だけでなく、親子関係が修復されるケースも多い。しかし、中には表面的な生活だけ繕ってはいても、心はどんどん遠いところにいってしまうケースもある。数例だが、年齢が上がるにつれ、かえって恨みや自己中心的な考えに凝り固まってしまい、こちらの無力さを痛感させられたケースもある。

そうしたケースに共通するのは、母性的な愛情が極度に不足した環境で育っていることと、知能が高いことである。その一つを、つぎに紹介する。

【ケース】凍りつく心

車上荒らしを繰り返し、多動傾向と脳波異常があったため、医療措置を受けることになった青白い顔の少年は、非常に高い知能をもっていた。ただ、ほとんどまともに通っていなかった学校の成績は、惨憺《さんたん》たるものだった。落ち着きがなく、学校でも叱られてばかりだったようで、高い知的能力をもつことに一番意外だったのは、本人自身だったようだ。

彼は父子家庭の出身だった。一歳のときに母親が亡くなり、トラック運転手の父親からも放っておかれることが多かったようだ。愛情らしい愛情を知らずに大きくなったものがたいていそうであるように、表情は暗く、寂しげだった。何事も投げやりで、無気力だった。

しかし、規則正しい生活と日課をこなすうちに、まず学習面で顕著な進歩をみせ始める。本人もそれに気をよくして、一層学習に励むようになった。それまで、読んだり書いたりすることは大の苦手だったのに、読書に熱中する姿も見られるようになる。学習への集中力や根気が増すとともに、行動面でも落ち着きがでてきた。自分の変化に、それまでの劣等感がやわらいでいくようだった。それにつれて、明るい将来の希望を話したりする。

集団生活にも少しずつ積極性が出て、当番を頑張って、教官からほめられたりした。社会に帰っても勉強を続けて、資格を取りたいという夢を語るようになった。

彼はすっかり自信を取り戻して、元気よく社会に帰っていったのである。

彼と再会したのは、それから一年半後だった。まだあどけない面影が残っていた前回とは違い、もう十九歳の彼は、すっかり大人びた顔つきになっていた。

実は、半年前に再非行して、一般の少年院に送られていたのだが、喘息《ぜんそく》の発作をおこしたため、こちらに移送されてきたのである。

変わっていたのは顔つきだけではなかった。生活ぶりや態度も、前回のときとは大きく違っていた。生活はそつなく、安定したもので、トラブルをおこすわけでもなく、黙々と学習や課題に取り組んでいる。しかし、そうした変化も、対人関係や心のありようの面で見ると、どこか喜べないものだった。ドライで打算的な傾向ばかりが目立っていたのである。

それは、集団生活に対する態度にもはっきり表れていた。前回のときは、消極的ながら、とけ込もうという努力がみられた。しかし、今回は、「どうせ、関係ない人たちだから」と割り切って、関わりをもつ意味自体を否定していた。要求だけは主張し、自分にとって利益にならないことは切り捨てるという態度だった。将来は、弁護士になりたいという夢を語るようになっていたが、弁護士になりたい理由は、法律を知っていれば有利だからというものだった。

そういう態度では、周囲からもたちまち孤立してしまう。些細なことでトラブルになると、もう集団には出ないと言いだした。自分の非を受けとめることはなく、ただ責任転嫁するか回避するかだった。そうした少年でも、根気よく関わりをもつうちに、態度を軟化させ、考えを修正するものだが、彼の場合は、話せば話すほど自己正当化の鎧が強固になっていった。知能の高さが生む驕《おご》りが、自己反省を一層困難にしてしまっているように思えた。

成人となった彼が、事件をおこして逮捕されたと聞いたのは、彼を社会に見送ってから一年になるかならないかのときだった。彼の高い知能に目を奪われすぎたのではないかという反省と悔いがあった。彼に授けるべきは、もっと地道な幸せを手に入れる力だったかもしれない。彼が自らの力で立ち直ってくれることを祈るほかない。

家なき子たちの未来――乏しい更生のための社会資源

子どもたちが、非行の問題や病状の改善に努め、大きな進歩がみられるようになっても、しばしばもう一つの試練が待ち受けている。子どもたちの努力ではどうにもならない問題であるだけに、ときには非常に深刻な影響を及ぼす。それは、引き受けの問題である。

子どもたちは、二十歳を過ぎている場合以外は、仮退院という形で社会にもどっていく。成人に達するまで、あるいは、更生が果たせたと認められるまで、保護観察が付くわけだ。その場合、引受人が必要になる。いくら本人が施設内で立派にやっていようと、引受人がいなければ社会にはもどれない。

保護者に引き受けてもらえないケースでは、更生保護施設と呼ばれる社会復帰施設に受けいれてもらうのが、ほとんど唯一社会にもどっていく経路なのだが、非行だけでなく、病気をかかえている医療少年院の子どもたちの場合、受けいれる施設側も二の足を踏むことが少なくない。大部分は成人を対象にした施設なので、世代のズレの問題もある。刑務所から出たばかりの大人と暮らすわけだから、ときには、悪い大人にそそのかされて再犯するということもおこる。また、更生保護施設への入所は働けることが前提になるので、病状がまだ完治しておらず、すぐに就労ができないケースでは、さらに選択肢が狭まる。やむなく病院に入院するという形で、社会にもどる場合も少数ながらある。

【ケース】「少年院にもどりたかった」

ある窃盗の少年のケースでは、母親は行方不明、再婚して別家庭を営む父親はまったく引き受けの意志がなく、また、自殺企図の既往があったため、施設や病院にも受けいれを断られ続けた。やっと祖父が引き受けてくれたものの、祖父は帰ったその日に、わずかの金をくれて、これを持って出て行ってくれと言った。少年は、仕方なく風俗関係の店で住み込みの仕事をしていたようだが、ある日、父親に会いに行くと、父親の顔がたちまち曇り、ここにきてもらっては困ると、財布から金を出そうとした。

誰からも歓迎されざる存在であることを改めて思い知らされて、街をうろうろした。彼がまた空き巣に入ったのは、そんなときだった。べっとりと残っていた指紋と目撃情報から、すぐに足がついて、数日後に逮捕されたのだが、奇妙なことに被害は何もなかった。彼に聞くと、少年院にもどりたかったのだと言う。

こうした子どものケースに接するとき、無力感を覚えずにはいられない。その子が、少年院のほうが社会よりも居場所があると感じて、再犯したとしたら、その関わりは失敗だったとしかいいようがない。もっと自立力を養う関わりが必要だったのではないかと、反省を強いられたケースでもあった。こうした子どもたちが社会の中で生きていくために何が必要なのかと、改めて思いをめぐらすとともに、その子の寂しい境遇を思わずにはいられない。

【ケース】「ぼく、帰れることになりました」

入所中の施設で暴力事件をおこしたため送られてきた、まだ十五歳の少年は、母親に若い愛人ができて一緒に住むようになったため、半ば厄介払いされる形で、児童施設にいれられていた。施設から一般の中学に通うのだが、そういう生活が面白いはずもない。支給される月千五百円のお小遣いでは、他の同級生が持っているゲームも満足に手に入らない。学校でも施設でも暴れん坊で、みんなが手を焼いていたという。

　ところが、こちらの施設にきてからの彼は、とても思いやりのある優しい子で、誰からも好かれていた。どうして、これまでの彼とこんなに差が出るのだろうと思ったとき、彼がぽつりと言ったのだ。「ここは、みんな同じだから」と。

　彼のおかれていた状況の悲哀が、改めて心に迫ってきた。彼の身になってみれば、みんな同じようにゲームもできず、同じように親元を離れて生活しているここの環境のほうが、少なくとも平等に感じられたということだろう。不遇感ほど、子どもの心を腐らせてしまうものはない。

　この少年は母親に手紙を出して、母親の元で暮らしたいと訴えたのだが、途中から、返事さえこなくなる。果たして母親の手に手紙が渡っているのか、それさえ疑わしい状況に、少年は悶々とした日々をすごしていた。保護司さんに手紙を書いて、母親への手紙を渡してもらうようにお願いしたりしていた。やっと連絡がついて、思いがけない知らせがもたらされた。母親が愛人との関係を清算して、一人で暮らすことになったというのだ。彼を受けいれる準備をしているとのことだった。

「ぼく、帰れることになりました」

と、うれしそうに話す、天真爛漫《てんしんらんまん》な彼の笑顔を見ながら、これ以上、彼の気持ちが裏切られたり、傷つけられたりすることのないように祈るだけだった。

無力な子どもは大人の都合によって、木の葉のように弄《もてあそ》ばれるほかない。大人たち自身も、木の葉にすぎないことを思えば、それを無下に責めることはできない。せめて、社会がその補いをつけて、見守っていくことができればと思う。まだまだ未熟な少年たちの立ち直りには、そうした支えと理解が不可欠なのである。

第七章　本当の希望を取り戻すために

子どもを守ることが社会を守ることに

これまで述べてきたことを踏まえて、最後の章では、いま、子どもたちに何が必要なのかを考えていきたい。

十代の少年が罪を犯し、あるいは家族や周囲の人間を苦しめ、自分自身を傷つけることは、その後本人が更生を果たし、立ち直ることができたとしても、多くの傷痕を残す。それに、未熟な若者が罪を受けとめ、償うという重い課題に向かい合うことは、なまやさしいことではない。

重い犯罪のケース、非行の進んだケースでは、回復に極めて大きな困難がともなうし、社会に多くの負担を強いることにもなる。何よりも、罪を犯してしまってからでは、たとえ加害者の少年が心から悔い改めようと、その行為によって失われたものは取り戻すことができないのである。

したがって、もっとも必要なことは、こうした悲劇自体を防ぐことである。それは結局、子どもたちの育ちに何が大切かを考えることであり、それと不可分な関係にある、養育、教育、そして社会のあり方を再点検することである。

その場合、これまでみてきたように、躓《つまず》いた子どもたちの立ち直りに何が必要だったかを思い起こすことは、大いに参考になる。というのも、そこには、これから成長していく子どもたちにとって本当は何が必要なのかが示されているからである。

ありのままに受けとめることの大切さ

第二章でも述べたが、非行の最大の危険因子は親であるという現実がある。親が子どもを損なうとき、その問題の本質は何かといえば、子どもではなく親が主役を演じているということである。子どもの気持ちではなく、親の都合や願望ばかりが優先されているのである。

非行少年たちは、事件をおこす以前から、心に怒りの感情を抱いている。その怒りは、自分が認めてもらえないことに対する不遇感や不満からも発しているが、同時に、親を失望させた自分自身に対する怒りでもある。明らかにひどい親であっても、心の底からは親を悪く思えず、親が自分を見捨てたのではなく、自分が悪い子だから親に見捨てられたと思っている。非行少年に自傷行為や自殺企図がよくみられるのも、自分に対するそうした否定的な思いがあるためだ。わが身を危険にさらす非行は、ある意味で、それ自体が自傷行為であり、悪い子である自分を破壊し、罰しようとしている無意識の衝動が働いていることが少なくないのである。

自分を罰する結果が、人に危害を及ぼすことになるという悲劇は、悲劇以外の何物でもない。大変な惨事も、もとをたどれば、受けとめられなかった子どもの悲しみに由来しているのである。

多動型の非行少年のように、小さいころから叱られ否定され続けてきた子どもだけでなく、親の気持ちや顔色に振り回されてきた依存型や境界型の子どもたちも、人より勝った存在でなければ親に価値を認めてもらえなかった自己愛型の子どもたちも、親の操り人形のように育てられ、受動的で人とのつながりを楽しめない回避型の少年も、みんな自分に対して否定的な評価を抱いている。そして、その評価は、もとをたどれば、親が当人に下した評価でもある。親がその子に失望し、見捨てたのだ。あるいは、人より抜きん出た、優れた存在でなければ、価値を認められないと教え込んだのだ。

最近、増えている「良い子」や「優等生」だった子による犯罪は、そうした条件付きの愛情のもたらす悲劇でもある。これらのケースでは、親が身勝手にかけた期待が現実と大きなズレを生じてしまった後も、子どもを亡霊のように支配し続けている。

そうなる前に子どもに対してしてやれる最善のことは、子どもをありのままに受けとめることだ。自分の期待や望みではなく、子ども自身が何を願い、望んでいるのかという気持ちに耳を傾けることである。子どもを都合よく誘導しようとしすぎることは、結局、あとでしっぺ返しがくることになる。子ども自身の意志を尊重することが、長い目でみると、良い結果をもたらすことが多いのである。

むろん、できないことや危険なことには、はっきりノーという必要がある。あくまで現実的な枠の中で考えることが必要だが、子どもの考えを、親の期待と違うという理由だけで否定することは、子どもを無気力にしたり、やみくもな怒りにとらわれさせることになるのである。

多様さを受けいれ、生かす社会

親に受けとめられること以上に、子どもたちにとって同年代の子どもに受けいれられることは、生存を左右するほど重要なことである。

突発的な犯罪を犯した子どもの多くは、まったく友達がいなかったり、本当の友達というものをもてずに日々をすごしている。一人でいるほうが気楽だと感じる一方で、友達がいないことに、深い孤独感や引け目、不全感を抱いている。こうしたタイプの子は集団生活でも立ち回りが下手で、子どもたちのあいだにおのずとグループができるころからしだいに学校にもいづらさを感じていく。こうした「グループ化」は排他的になりやすく、受動的な子どもや適応の悪い子どもからさらに居場所を奪い、不登校やいじめの原因にもなっている。

非行少年の立ち直りの過程をみても、同僚に受けいれられたと感じることが、心の変化において重要な役割を果たしている。子どもが育つうえで、互いを受けいれ合うことは、それほどに大切なことなのだ。助け合いや思いやりの気持ちを育むことに、もっと多くのエネルギーと関心が払われるべきである。

子どもたちの心には、寛大に誰とでも同化する一面と、排他的で、わずかな差異を見つけては排除しようとする一面がある。そのどちらを伸ばすかは、周りの大人たちの導きにかかっているのである。

また、画一化された教育制度の弊害は、もはや限界に達している。子どもたちの多様な特性や志向に合わせた柔軟なシステムが必要なのである。ことに中学の三年間が、それぞれの子どもにとって有効に生かされているかは、大きな疑問を感じざるをえない。それは教師の怠慢ということではなく、システム自体に無理があるように思える。あの年代の子どもたちに、同じ内容を均一的に習得させようとすることは、一部の生徒にとっては落伍者の烙印を押すだけの意味しかなく、虐待を加えているのにも等しい。

教育は、上から一方的に与えるものではなく、相互的な関わりがなければ、本当の成長の原動力とはなりえない。本来の教育として機能するためには、本人の主体的な選択を尊重し、各人が求める教育を受けられることこそが必要なのではないのか。それぞれの子どもにあった、きめ細かな教育をめざす時期にきているように思える。

安心感の乏しい子ほど、いいところを見せようとしたり、周囲に自分を印象づけるような行動をとりたがる。自分が目立っていて、周囲の関心を引きつけていないと、忘れられているような、取り残されているような不安を覚えるのだ。

最近の若者全般に見られる傾向は、輝かしい自分を心の中で強く求めていることである。つまり、輝かしい自分でなければ、あまり価値がないと思い込んでいる。

そう思ってしまうのは、小さいころから、知らず知らずのうちに、スターのように輝くことに価値をおく個性重視の空気の中で育ったからである。輝かなければ自分には価値がないという思い込みが、些細《ささい》な失敗や単に平凡であることを、空虚感や屈辱に変えてしまうのである。

戦中世代や戦前世代の方なら有難いと心から満足できる生活も、現代の若者にとっては、死んで逃げ出したいほど空虚なものに感じられてしまう。輝かねばならないという強迫的な思いが、その人の行動を過激にしたり、ごく自然に幸せであることを妨げているのである。

子どもたちに必要なのは、ささやかなものにでも満足し、たとえ失敗し期待どおりにいかなくても、粘り強く生き抜いていく力である。それを育むためには、個性や自己主張に力点をおく前に、もっと人間としての基本を教えていくことである。また教育から、質素さ、不便さ、不自由さを味わう機会を、排除するのではなく、むしろ活用する発想が必要に思える。

導き手の重要性

子どもがしっかりと育っていくためには、優しさだけでなく、厳しさや強さをもった存在に見守られ、導かれることが必要になる。ことに思春期には、そうした存在が大きな役割を果たす。

子どもたち自身、この時期になると、そうした存在を求めるようになる。親の支配から脱し、社会へといざなってくれる導き手を求めるのだ。非行は、別の見方をすれば、こうした存在にうまく出会えなかった不幸でもある。

親に失望した子どもたちは、非行集団のボスや先輩に、社会への導き手を求める。むろん、それが悲劇を生む結果にもなるのだが、それをただやめさせようとしたところで、子どものほうはそうすることが自分の成長のように感じているから、鬱陶《うっとう》しがられるだけである。そうなってしまうのは、健全な導き手が身近にいないためである。

親が、昔のように、自ら手本を見せながら、子どもに仕事や人生を教えるというわけにはいかない。また、教師といえども、勉強やスポーツの指導はできても、子どもたちが目覚めようとしている人生の問題に答えてくれる存在にはなりにくい。

といって、身近な先輩はそれぞれ自分のことに忙しく、また、後輩の相談相手になるようなシステムも存在しない。子どもたちに寄ってくるのは、ともすると、同年代の人からはまともに相手にされない危険な先輩ということになる。こうした輩《やから》から子どもたちを守る存在は、まったくないといっていい。子どもたちは被害者となるばかりか、犯罪の手先に利用され、「加害者」となる危険にもさらされているのだ。高度に匿名性を保ちながら、アクセスすることのできるネット社会ほど、邪《よこしま》な目的をもって子どもに近づこうとする大人にとって都合のいい社会はない。こうした大人から子どもを守るための法律こそ、厳罰化をもって臨む必要があると思われるが、現状は野放しに近い状態である。

危険から子どもを守るためにも、良識をもった大人や先輩が、気軽に子どもたちの相談相手や導き手になれるようなシステムをつくることが求められる。

教師の役割ももちろん大きいだろうが、第三者的な存在のほうが相談しやすいという事情もある。スクールカウンセラーの制度も活用が望まれるが、専門職や資格にとらわれすぎることは、かえって可能性を狭めてしまう。子どもたちに必要なのは、特別な資格や知識をもった大人ではなく、良識と経験をもった大人や先輩なのである。その意味でも、教育に幅広いマンパワーが導入されることが求められる。

忍耐を学ぶ――いまの教育が忘れているもの

不自由で制限された環境が子どもたちに教えるもう一つ重要なことは、忍耐である。すでにみたように、忍耐心が培われないまま大きくなっていることが、若者がおこす凶悪な事件の大きな要因となっている。また、社会が忍耐を学ばせることを軽視し、忍耐することよりも、快適さや便利さにばかり価値をおいていることも、大いに影響している。親や社会が知らず知らず教えたことの結果が、親や社会に跳ね返ってきているのである。楽をする方法ばかりが発達した現代社会において、忍耐を身につけることは、ある意味、とても難しいことかもしれない。しかし、実は、忍耐を身につけることを子どもたちが自ら嫌がっているわけではない。大人たちがそう思い込んで、忍耐を教えることを怠っているだけなのである。

施設に送られてきた子どもたちも、最初は、制限された環境で忍耐を強いられることに抵抗したり、従うにしても不承不承である。ところが、いったん忍耐することの意味を学び始めると、子どもたちは積極的な気持ちで、自らに課題や試練を課すようになる。忍耐力を養うということが自分を強くし、これまでできないと思っていたことを可能にし、行動の幅を広げていくことに気づくのである。

忍耐力がつくことによって、子どもたちはずっと机に座っていられたり、長い本を最後まで読み通せたり、課題作文を書き上げたり、根気のいる作業をやりこなせたり、人の話をじっくり聞けたり、トラブルをおこさずに集団生活ができるようになる。それは、自分の変化、成長として、誰よりも本人自身に自信を与える。作業や学習も対人関係も、粘り強い忍耐によって、それまで味わうことのなかったレベルの体験が味わえるようになるのである。

待つこと、耐えること、自分の欲求をコントロールすること、それこそが強さだということに、子どもたちも気づいていく。忍耐を学ぶことは、とても楽しいことになる。忍耐を学ぶことによって、生きづらさが減り、エネルギーや関心を上手に使えるようになるのだ。

楽しく学ぶことも大切だが、楽しさばかりを強調していては、本当の楽しさは味わえない。苦痛にも耐え、やがて何かを会得し、やり遂げたときにこそ、人は深い達成感を味わう。最初から、楽しいところから入ろうとすると、飽きがくるだけだ。目先の楽しさではない本物の楽しさを教えることが、教育だと思う。そして、子どもたちも、実は本物の楽しさを求めているのだ。

主体性を育む

もっとも根本になることを身につけさせたら、あとは子どもたちの自主性に最大限委ねることが大切だ。親切に世話を焼きすぎることは、かえって不親切になる。

主体性をおろそかにされた子どもは、自分の人生を生きることができない。なんでも人の言いなりになってしまう。子どもを守ってやったつもりでも、親はいつまでも子どもを守り続けることはできない。子ども自身が自分を守る力を身につけさせることが、子どもを守ることになるのだ。何から何まで親が口出しして決めていると、何一つ自分で決断できない人間になる。助けてやる部分ももちろん必要だが、自分で判断させ、失敗する経験を早いうちにさせておくことが、後の大きな失敗を防ぐことにもなる。

いまの子どもたちの脆弱性《ぜいじやくせい》は、守られすぎ、世話を焼かれすぎて、自分で問題を解決する能力を身につけていないことにある。

自分がやろうと思う以前に、親の意志や期待が先行し、本人はただ操り人形のように、親の意のまま動かされているという状況も多い。途中まではそれでいけるが、必ずツケが回ってくる。反抗し、親の言いなりになんかなるもんかと宣言して、他のことをやりだす子は、まだ見所がある。ところが、もっと主体性が損なわれてしまうと、ただ無気力で、何もしたくないという状態に陥ったり、悪友にそそのかされるままに、陰で悪いことを始める。

一度損なわれた主体性を回復するのは、とても難しいし、長い時間がかかる。一年や二年、高校や大学に行くのが遅れようが、学校なんか行かずに他のことをやりだそうが、本人がそう決めて自分の意志で行うのなら、それが最高なのだ。本人の主体性を無視した人生を強要したりすれば、十年、二十年を無駄にして、まだ足りないことになる。

生の体験と試行錯誤する経験

先の章でも述べたように、最近の子どもたちの特徴としていえるのは、こういう行動をすれば、どういう結果になるという事態の予測や想像ができないことだ。いまこの瞬間の怒りや欲望にだけとらわれて、後先考えない行動に走ってしまうのである。

こうした傾向は、多動型の元々無鉄砲なタイプの子どもだけでなく、内気でおとなしい子や、真面目な優等生だった子にもみられる。事件をおこしてしまったとはいえ、限りなく平均的な現代の若者に近いタイプの子もいる。突発的な凶悪な事件は、いわゆる非行少年ではないタイプの少年によって引き起こされているのである。

その背景に強く感じることは、第一章でも述べたように、一つはファンタジー優位で、現実的な体験が極度に不足している状況である。けんか一つしたことがない子が、いきなり殺人未遂や殺人を犯すということがおきるのだ。自らの攻撃性のコントロールが非常に未熟な世代、彼らの抱える危うさが、そこには浮かび上がる。

実体験によって培われた現実的な判断や想像力というものが、まったく貧困なのである。どういう事態が生じ、万が一、命が失われるようなことがあれば、どれほどの悲しみと痛みと苦悩を多くの人に引き起こすことになるのかという「現実的な想像力」が欠如しているのである。非現実的なアニメやファンタジーになじむことは、決して現実的な想像力を培うことにはならないのである。

試行錯誤する経験を与えてくれる、もっとも自然な場である「遊び」が、もっと豊かなものとして蘇ることが、若い世代の人間性を育てることに必要であると思える。

また、刺激や情報の氾濫した現代は、「遊び」を変質させるだけでなく、子どもの脳にとって、非常に危険に満ちた世界ともいえる。そうした刺激や情報の猛威から適切に保護することも、子どものバランスのよい成長のために不可欠だ。

かけがえのない子ども時代

かつてウィニコットは、非行少年の反社会的行動を彼らの将来への「希望」だと述べた。反社会的な行動によってしか、自己承認欲求を満たし、将来に希望を見出せないとすれば、それは、子どもたちが現実の中で希望を失っていることを意味する。

いま、必要なのは、子どもたちに本当の希望を取り戻させることである。もちろん、それは大人や社会が一方的に与えるものではなく、子どもたち自身が見つけ出していくものである。子どもたちの中には、そうすることができる力が本来備わっている。大人たちや社会がこれまでよけいなものを与えすぎ、それを損なってしまってきた面が多分にあるのだ。

大人や社会にできることは、子どもが本来もっている力を損なわないように、邪魔になるものを取り去り、見守ることである。備わっている可能性がうまく現実の中に根を下ろし、幹を育てていけるように守ってやることだ。

子ども時代をいかにすごすかが、その人の人生を明るく幸せに満ちたものにもすれば、暗く困難なものにもしてしまう。つらい子ども時代をすごすものが増えることは、社会がつらく困難なものになることでもある。子ども時代を守ることが、ひいては社会を守ることにもつながるのだ。

子ども時代のそれぞれの段階には、それぞれの課題がある。それは、その時期にしか学べない、その時期にしか身につかない能力である。それを後で取り戻すことも不可能ではないかもしれないが、大変な苦労と試練を課せられることになる。

子どもたちが、明るく、強く、元気に、思いやりをもって育つためには、人より早く知識を身につけることや、やりたがってもいないことをやらせるよりも、その年代をのびのびとすごすことこそが大切なのだ。若い親たちは、さまざまな誘惑にさらされる。近所の子が何か習っていると聞けば、うちの子にもやらせなくていいのだろうかと思うのは当然だ。

子育ての真っ只中にある親たちは、さまざまな不安心理に駆られやすいものだ。そういう意味でも、社会が明確な指針を打ち出し、子どもが育っていく環境を守ることが必要に思える。子育ての経験を終えた年代が、そうした相談役になるシステムをつくることも有効に思う。

何よりも大切なことは、せっかくの子ども時代が、苦役を強いられるつらい体験や寂しい思いをするものになってはいけないということである。子ども時代の体験は、子どもにとって、将来どんなつらいときも、生きる勇気や強さを与えてくれる、かけがえのない宝物とならなければならないのだ。

罰することでは終わらない

凶悪化する少年非行に対して、厳罰化を求める声が強くなり、平成十二年には刑事罰を問える年齢下限を下げるなどの少年法の一部改正が行われた。被害者の心中を思えば、それでも手ぬるいと感じられることだろう。

これまでの法制度に、加害者の人権に対する配慮はあっても、被害者に対する配慮がまったくといっていいほど抜け落ちていたことも事実である。また、荒れる子どもたちに対して、「いい加減にしろよ」という憤りが国民全体につのっていることも、もっともである。

それに対して、これからは厳しくいくぞと、国権の最高機関たる国会が意思表示をしたのは、子どもを一人前の大人にすることに、大人たちはそれだけ真剣なのだという姿勢を示したという点では意味があるだろう。ただ、問題はそれだけでは片づかないのだ。なぜなら、ここまでみてきたように、子どもたちの異常な振る舞いは、もとをたどれば、大人や社会によって間違った扱いを受け、うまく育てなかった結果でもあるからだ。結果だけを厳しく咎《とが》めたところで、原因の部分に手当てを施さなければ、悲劇を本当に防ぐことにはならない。現実に、少年法の改正をあざ笑うかのように、佐世保の同級生殺害事件のような、さらに低年齢の子どもによる無惨な事件がおきているのである。

子どもたちの引き起こした悲劇を真剣に憂うるのであれば、社会がなさなければならないことは厳罰化云々よりも、もっと違うところにあるように思う。それは、矯正施設の中で子どもたちに関わっていても手の届かない問題であり、子どもたちの非行を際限なく再生産している根源的な問題でもある。すなわち、非行の社会的、環境的要因の部分である。

子どもに、薬物を、売春を、暴力を、憎しみを、自分勝手な心を教えたのは、大人であり、この社会なのである。子どもたちは、大人が、社会が育てたように育つのだ。子どもが間違った行動をするということは、子どもを育んできた大人や社会の姿勢にも問題があったということだ。ただ子どもに厳罰を与えて片づく問題ではないことは明らかだ。社会はその部分を点検し、自ら正していく必要がある。そこを変えていくために、いままさに社会の認識と力が必要なのである。

おわりに　明るい未来は明るい子ども時代がつくる

子どもたちにいまおきている異常な事態を、子どもだけの問題と考えている人はもはや少ないと思う。子どもたちの身におきていることは、もっとも鋭敏なセンサーとして、大人やこの社会全体におきていることを、甲高い警報音とともに警告しているのである。

子どもが暗く元気でない社会は、やはりどこかおかしいのだ。子どもが健全に、強く育たなければ、その社会の未来は一層暗いものとなる。表面だけに対症療法を施し、一時しのぎをするのではなく、いまこそ、根本的な問題を明確にし、きちんと方向転換をはかることが待ったなしに求められているのである。

本書でお話ししてきた医療少年院の子どもたちの問題は、急速に経済大国となって爛熟期を迎えた日本のネガであり、社会の問題点の集約である。また、彼らの克服と立ち直りの過程は、いまの子どもたちに何が必要なのか、いくつかのヒントを提供してくれる。

めざす方向は明らかだ。子どもたちが明るく元気でいられる社会を取り戻すこと——。それは、社会の再建の明確な指標ともなるだろう。

必要なことは、ただたっぷり愛すること。たっぷり遊ばせること。よけいな手出しをしないこと。そして、いけないことをしたら、はっきり叱ること。子どもは、その中から学ぶはずだ。わが子の可能性を信じてほしい。無理強いしたり、子どもが求めてもいないことをやらせて、子どもを痛めつけたことを後悔するより、もっと何かさせておいてもよかったなと後悔したほうが、子どもにとってはずっといいのだ。

何かを無理やり教えるのではなく、自分から学ばせるのが、もっともいい教育なのだ。子どもには、そうする能力が備わっている。子どもの脳は、複雑な言語さえも吸収してしまう。狭い知識など教えずとも、子どもはもっともっと広く学ぶ。子どもが学ぶままに任せてやることだ。

とはいえ、同時に、子どもを守ることも大切だ。有害な刺激に暴露することは、子どもの一生を変えてしまうほどの悲劇の種を、子どもの心に播いてしまうことにもなりかねない。その点については、危機感をもった、思い切った施策が求められるだろう。

二度とない時代を、わざわざ灰色のものにする必要がどこにあるだろう。明るく希望をもった子どもたちを育てることは、まさに社会の希望を育てることでもある。思いやりや優しさとともに、生き抜いていく強さや厳しさももった若者を育てていくことこそ、われわれ大人の使命であり、そこにこそ、社会の未来もかかっているのだ。

本書の執筆は、私にとっても重く、険しいものだった。一人一人の子どもたちとの関わりの記憶が蘇り、その子たちが抱えていたものの重みが改めて迫ってきた。喜べたことばかりでなく、苦い失敗の思い出に、つくづく自分の無力さを痛感させられた。彼らの行為が社会に残した傷痕を思うと、なおさら心が詰まった。

主観的な思いに流されず、子どもたちの姿を客観的にできるだけ正確に伝えること、それが求められる誠実さだと考えて、冷静な記述に努めたが、ここでも力の足りなさを思い知らされるばかりであった。幾度か中断しかけ、延び延びになった草稿を、どうにか纏《まと》めることができたのは、実際に子どもたちと向かい合ったものが伝えなければ、誰も伝えられるものはいないとの思いがあったからである。それは、子どもたちに対しても、社会に対しても、一つの責務だと考えたからである。

ともすると滞りがちになる原稿を、根気よく待ち続け、貴重な助言をいただいた編集の大浦慶子さんにも感謝の意を記したい。

本書では、医療少年院の子どもたちの姿をお伝えすると同時に、それを通して、今日の社会を見つめてみた。また、躓《つまず》いた子どもたちの再生をたどる中で、社会のほうにも求められる処方箋を探ってみた。世間を騒がせた特殊なケースよりも、むしろ一般的なケースを中心に述べた。子どもたちの心の声が、少しでも心に届いたならば幸いである。

最後に、非行をおこした子どもたちの真相と背景への理解が、少年非行によるむごたらしい悲劇の防止につながることを祈って、結びとしたい。

二〇〇五年一月　著者

参考文献

J・ボウルビィ、黒田実郎ほか訳『新版 母子関係の理論Ⅰ・Ⅱ』岩崎学術出版社、一九九一・一九九五年

R・カイヨワ、清水幾太郎・霧生和夫訳『遊びと人間』岩波書店、一九七〇年

D・W・ウィニコット、牛島定信訳『情緒発達の精神分析理論』岩崎学術出版社、一九七七年

D・W・ウィニコット、橋本雅雄訳『遊ぶことと現実』岩崎学術出版社、一九七九年

H・コフート、水野信義・笠原嘉監訳『自己の分析』みすず書房、一九九四年

P・H・オーンスタイン編、伊藤洸監訳『コフート入門―自己の探究』岩崎学術出版社、一九八七年

B・クラーエ、秦一士・湯川進太郎編訳『攻撃の心理学』北大路書房、二〇〇四年

J・M・エディ、藤生英行訳『行為障害―キレる子の診断と治療・指導・処遇』金子書房、二〇〇二年

J・L・ハーマン、中井久夫訳『心的外傷と回復（増補版）』みすず書房、一九九九年

米国精神医学会編、高橋三郎ほか訳『DSM-Ⅳ-TR 精神疾患の診断・統計マニュアル』医学書院、二〇〇二年

新宮一成・加藤敏編『現代医療文化のなかの人格障害』中山書店、二〇〇三年

A・カミュ、窪田啓作訳『異邦人』新潮文庫、一九五四年

H・F・ハーロウ、浜田寿美男訳『愛のなりたち』ミネルヴァ書房、一九七八年

法務省矯正局編『現代の少年非行を考える―少年院・少年鑑別所の現場から』大蔵省印刷局、一九九八年

麦島文夫『非行の原因』東京大学出版会、一九九〇年
魚住絹代『女子少年院』角川書店、二〇〇三年
J・グラフマン、東條正城訳「皮質前頭前野の神経心理学」(ダーリア・W・ザイデル編、河内十郎監訳『神経心理学―その歴史と臨床の現状』産業図書、一九九八年)
P・バーカー、山中康裕・岸本寛史監訳『児童精神医学の基礎』金剛出版、一九九九年
山崎晃資・牛島定信ほか編著『現代児童青年精神医学』永井書店、二〇〇二年
本城秀次「周産期から乳幼児期の環境と精神発達」(「臨床精神医学」33、二〇〇四年十一月)
神庭重信・桜井修ほか「環境が脳の発達に与える影響」(前掲「臨床精神医学」33)
黒田公美「母子関係が児の精神発達に与える影響」(前掲「臨床精神医学」33)
西口芳伯・栗田廣ほか「シンポジウム 行為障害の亜型分類について」(「矯正医学」52、二〇〇四年二月)
西口芳伯「京都医療少年院の紹介―法と医療の接点」(「京都学園法学」44、二〇〇四年七月)
J. McCord and R. E. Tremblay, *Preventing antisocial behavior: Interventions from birth through adolescence*, Guilford Press, 1992.
G. R. Patterson, J. B. Reid, et al, *Antisocial boys*, Castalia Press, 1992.
B. B. Lahey, T. E. Moffitt, et al ed., *Causes of conduct disorder and juvenile delinquency*, Guilford Press, 2003.
D. Mordasini, *Wild child: How you can help your child with attention deficit disorder(ADD) and other behavioral disorders*, Haworth Press, 2001.
V. C. G. Greenleaf, *A handful of ashes: One mother's tragedy*, Cypress House, 2001.

H. I. Kaplan, B. J. Sadock, et al, *Kaplan and Sadock's synopsis of psychiatry*, (7th ed.), Williams & Wilkins, 1994.

C. R. Cloninger and I. I. Gottesman, "Genetic and environmental factors in antisocial behavior disorders," in S. A. Mednick, et al ed., *The causes of crime: New biological approaches*, Cambridge University Press, 1987.

R. J. Cadoret, W. R. Yates, et al, "Genetic-environmental interaction in the genesis of aggressivity and conduct disorders," *Archives of General Psychiatry*, 52(11), Nov., 1995.

H. F. Harlow, "The nature of love," *American Psychologist*, 13, 1958.

H. L. Gallagher, A. I. Jack, et al, "Imaging the intentional stance in a competitive game," *NeuroImage*, 16(3 Pt 1), Jul., 2002.

B. B. Lahey, I. D. Waldman, et al, "Annotation: The development of antisocial behavior: An integrative causal model," *The Journal of Child Psychology and Psychiatry*, 40(5), Jul., 1999.

T. E. Moffitt and A. Caspi, "Childhood predictors differentiate life-course persistent and adolescence-limited antisocial pathways among males and females," *Development and Psychopathology*, 13(2), Jun., 2001.

T. E. Moffitt, "Adolescence-limited and life-course-persistent antisocial behavior: A developmental taxonomy," *Psychological Review*, 100(4), Oct., 1993.

T. E. Moffitt, "Juvenile delinquency and attention deficit disorder: Boys' developmental trajectories from age 3 to age 15," *Child Development*, 61(3), Jun., 1990.

P. Rantakallio, E. Laara, et al, "Maternal smoking during pregnancy and delinquency of the offspring: an association without causation?," *International Journal of Epidemiology*, 21(6), Dec., 1992.

L. S. Wakschlag, B. B. Lahey, et al, "Maternal smoking during pregnancy and the risk of conduct disorder in boys," *Archives of General Psychiatry*, 54(7), Jul., 1997.

J. Harasty, K. L. Double, et al, "Language-associated cortical regions are proportionally larger in the female brain," *Archives of Neurology*, 54(2), Feb., 1997.

J. Archer, "The influence of testosterone on human aggression," *British Journal of Psychology*, 82 (Pt 1), Feb., 1991.

K. Bolla, M. Ernst, et al, "Prefrontal cortical dysfunction in abstinent cocaine abusers," *The Journal of Neuropsychiatry and Clinical Neurosciences*, 16(4), Nov., 2004.

D. A. Eldreth, J. A. Matochik, et al, "Abnormal brain activity in prefrontal brain regions in abstinent marijuana users," *NeuroImage*, 23(3), Nov., 2004.

Y. Sekine, Y. Minabe, et al, "Association of dopamine transporter loss in the orbitofrontal and dorsolateral prefrontal cortices with methamphetamine-related psychiatric symptoms," *The American Journal of Psychiatry*, 160(9), Sep., 2003.

K. Haninger, M. S. Ryan, et al, "Violence in teen-rated video games," *Medscape General Medicine*, 6(1), Mar., 2004.

A. Johansson and K. G. Gotestam, "Problems with computer games without monetary reward:

Similarity to pathological gambling," *Psychological Reports*, 95(2), Oct., 2004.

O. Wiegman and E. G. van Schie, "Video game playing and its relations with aggressive and prosocial behaviour," *British Journal of Social Psychology*, 37(Pt 3), Sep., 1998.

J. Colwell and J. Payne, "Negative correlates of computer game play in adolescents," *British Journal of Psychology*, 91(Pt 3), Aug., 2000.

Y. Tazawa and K. Okada, "Physical signs associated with excessive television-game playing and sleep deprivation," *Pediatrics International*, 43(6), Dec., 2001.

M. D. Griffiths and N. Hunt, "Dependence on computer games by adolescents," *Psychological Reports*, 82(2), Apr., 1998.

D. A. Wolfe, K. Scott, et al, "Child maltreatment: Risk of adjustment problems and dating violence in adolescence," *Journal of the American Academy of Child and Adolescent Psychiatry*, 40(3), Mar., 2001.

K. A. Dodge, J. E. Lansford, et al, "Peer rejection and social information-processing factors in the development of aggressive behavior problems in children," *Child Development*, 74(2), Mar., 2003.

岡田尊司（おかだ　たかし）

一九六〇年香川県生まれ。精神科医。医学博士。東京大学哲学科中退。京都大学医学部卒業。同大学院高次脳科学講座神経生物学教室、脳病態生理学講座精神医学教室にて研究に従事。現在、京都医療少年院勤務。著書に『人格障害の時代』（平凡社新書）『パーソナリティ障害』（PHP新書）。心のエクササイズのため、小笠原慧のペンネームで小説を執筆。『DZ』『手のひらの蝶』（ともに角川書店）『サバイバー・ミッション』（文藝春秋）などの作品がある。

集英社新書〇二九一E

悲《かな》しみの子《こ》どもたち

二〇〇五年　五　月二二日　第一刷発行
二〇一八年一〇月　八　日　第五刷発行

著者……岡田尊司《おかだたかし》
発行者……茨木政彦
発行所……株式会社集英社
東京都千代田区一ツ橋二-五-一〇　郵便番号一〇一-八〇五〇
電話　〇三-三二三〇-六三九一（編集部）
〇三-三二三〇-六〇八〇（読者係）
〇三-三二三〇-六三九三（販売部）書店専用

装幀……原　研哉
印刷所……大日本印刷株式会社　凸版印刷株式会社
製本所……加藤製本株式会社

定価はカバーに表示してあります。

ISBN 978-4-08-720291-5 C0211

a pilot of wisdom

a pilot of wisdom

集英社新書　好評既刊

イギリスの不思議と謎
金谷展雄　0646-B

最初の紳士は強盗殺人犯だった？　日常や歴史の中に見られる八つの奇妙な事実から、英国の魅力を語る！

続・悩む力
姜尚中　0647-C

夏目漱石の予言とともに「人間とは何か」という問いに直面する時が来た。大ベストセラー待望の続編。

心を癒す言葉の花束
アルフォンス・デーケン　0648-C

苦しみを半分にし、喜びを二倍にしてくれる珠玉の言葉を死生学の泰斗が自らの人生を重ね合わせて解説。

ツタンカーメン　少年王の謎
河合　望　0649-D

最新の科学調査や研究成果を踏まえ、今まで推測の域を出なかった王の死因や親子関係、即位の状況に迫る。

妻と別れたい男たち
三浦　展　0650-B

離婚したい男性は四割弱？　首都圏の既婚男性二〇〇〇人以上の調査から浮き彫りになる男たちの本音とは？

挑戦する脳
茂木健一郎　0651-G

時代の閉塞感が高まる今こそ、人間の脳が持つ「挑戦」という素晴らしい能力が生きてくる。著者渾身の書！

自分を抱きしめてあげたい日に
落合恵子　0652-C

最愛の母を失った著者を救った言葉たち。非情で残酷なこの時代に、社会を拓く「希望」への道筋を綴る。

「最悪」の核施設　六ヶ所再処理工場
小出裕章／渡辺満久／明石昇二郎　0653-B

「原発が一年で放出する放射能を一日で放出する」と言われる施設の欠陥と直下の活断層の危険性を暴く！

その未来はどうなの？
橋本　治　0654-C

テレビ、出版、シャッター商店街、結婚、歴史、民主主義……等、「分からない」が山積する諸問題に挑む！

ナビゲーション「位置情報」が世界を変える
山本　昇　0655-B

人類にとって自分の現在位置を知ることは重要な問題だった。羅針盤からスマートフォンまでの驚愕の物語。